Sisi-Kult und Kreisky-Mythos

Horst Friedrich Mayer
Gerhard Vogl

SISI-KULT UND KREISKY-MYTHOS

Ein österreichisches Jahrhundert in Anekdoten

Mit Karikaturen von IRONIMUS

K&S

Ein Verlag im Hause Bertelsmann

Danksagung

Viele haben Anteil am Zustandekommen dieses Buches, indem sie bei unzähligen Anlässen in kleineren oder größeren Runden Anekdotenhaftes erzählt haben. Ihnen gebührt pauschal unser Dank. Speziell nennen wollen wir aber doch einen Kreis von Personen, die uns gezielt geholfen haben, Anekdoten zu einzelnen Persönlichkeiten oder Themen aufzuspüren und sich dafür auch extra Zeit genommen haben. Wir verzichten bewußt auf Titel, Rang und Funktionen – man möge uns das verzeihen.
Auersperg Franz, Buchacher Manfred, Dorn Erich, Feigl Erich, Formanek Nikolaus, Futterknecht Christian, Frühbauer Milan, Fürnsinn Maximilian, Graff Maria, Greinert Walter, Haider Hans, Häupl Michael, Khal Geert, Kindermann Dieter, Khol Andreas, Klar Peter, Kotanko Christoph, Krasser Helga, Kunz Johannes, Krenkel Florian, Marcus Georg, Matysek Ottilie, Milkovics Lacy, Millard Peter, Mitterbauer Manfred, Nowak Josef, Nußbaumer Heinz, Parschalk Volkmar, Pav Wolfgang, Peichl Gustav, Penk-Lipovsky Walter, Radauer Adolf, Schaffer Karl, Scheidl Hans-Werner, Schweiger Heinrich, Stacher Alois, Trauttenberg Hubertus, Thurnher Armin, Vytiska Herbert, Wachter Hubert, Wagner Franz Robert, Weinkamer Caroline, Weiser Peter, Widhofner Hans

ISBN 3-218-00650-3

Schutzumschlaggestaltung: Kurt Rendl
unter Verwendung einer Karikatur von IRONIMUS (vorne)
und eines Fotos von Thomas Fürhäusl (hinten)
Lektorat: Eva Offenthaler
Satz und Repro: Zehetner GesmbH., A-2105 Oberrohrbach
Druck und Bindung: Wiener Verlag, Himberg bei Wien

Gedruckt auf chlorfrei gebleichtem Papier

Inhalt

VORWORT-ERSATZ
oder
ERSATZ-VORWORT

Es ist in unseren Breiten üblich, ein Buch mit einem Vorwort zu beginnen. Was für die einen wohlvertraute Gewohnheit, verstehen aber andere Leser bereits als Drohung. Da dies kein übliches Buch werden soll, haben wir das (gewohnte) Vorwort gestrichen und durch ein Zwiegespräch der beiden Autoren ersetzt. Damit wollen wir dem geneigten Leser klarmachen, worauf er sich bei der Lektüre der folgenden Seiten einläßt: Zwei – nur dem Geburtsjahrgang nach – nicht mehr ganz junge Herren erinnern sich an die sogenannte gute alte Zeit und vergleichen sie mit der Gegenwart. Was nicht immer positiv ausgeht – für die Jetztzeit. Sie versuchen nichts zu kaschieren oder zu beschönigen und trampeln trotzdem nicht zeitgeistig herum.
Und sind über ihre Rolle nicht immer einer Meinung, wie bereits der erste Dialog zeigt:

ROLLENVERTEILUNG

Horst Friedrich Mayer (in weiterer Folge H. F. M.): „Wer fängt an?"
Gerhard Vogl (in weiterer Folge G. V.): „Du!"
H. F. M.: „Wieso ich?"
G. V.: „Du bist der Ältere. Daher hast du den Vortritt!"
H. F. M.: „Eigentlich wollte ich ja das Schlußwort."
G. V.: „Schlußwort wird's keines geben."
H. F. M.: „Wieso?"
G. V.: „Der Leser soll nicht hinten anfangen."
H. F. M.: „Ich fang' ein Buch meist so an."

G. V.: „Weil du wissen willst, wer der Mörder ist.“
H. F. M.: „Nicht nur bei Krimis schlag’ ich hinten auf.“
G. V.: „Was ist, wenn wir uns nicht einigen?“
H. F. M.: „Naja, unterm Kaiser hätten wir uns vielleicht deshalb duelliert.“
G. V.: „Bist du nicht Jäger?“
H. F. M.: „Ja!“
G. V.: „Dann fang’ doch besser ich an.“

VON KAISERN UND KÖNIGEN
Über Franz Joseph und Kreisky

Beide Herren haben auf den ersten Blick nicht viel gemeinsam; auf den zweiten schon. Nicht nur, weil sie uns mit Bart in Erinnerung bleiben – Franz Joseph trug ihn ein Leben lang, Kreisky erst, als er mit der Sozialdemokratie unzufrieden war. Auch hatten sie jeder einen schwachen Nachfolger; Fred Sinowatz wird nur nicht seliggesprochen werden.
Obwohl fast ein Jahrhundert dazwischen liegt, noch eine faszinierende Parallele: Beiden waren vorher die Kronprinzen „abhanden“ gekommen – wobei sie nicht ganz schuldlos daran waren. Das zwanzigste Jahrhundert war in diesem Punkt wenigstens humaner als das neunzehnte Jahrhundert – Hannes Androsch und Poldi Gratz leben noch, Kronprinz Rudolf hat sich hingegen erschossen, und Franz Ferdinands blutgetränkte Uniform ist im Wiener Arsenal zu besichtigen.
Franz Joseph und Kreisky glaubten beide an dieses Österreich, in guten wie in schweren Zeiten, egal ob k.u.k oder republikanisch. Und sie waren – jeder auf seine Art – bestimmende Persönlichkeiten für das System, das sie vertraten. Der Unterschied: Mit Franz Joseph trat de facto eine Dynastie von der Weltbühne ab, Kreisky hinterließ seinen Nachfolgern einen schön langsam durchgesessenen Machtpolster.
Bleibt schließlich noch eine Gemeinsamkeit zu erwähnen: Beide gaben Anlaß zu einer Fülle von Anekdoten, die uns zu manchem Quervergleich reizten.
Also, vom Soldaten-Kaiser zum Sonnen-König.

KAISERMANÖVER

G. V.: „Womit fangen wir aber an? Mit dem ‚Sonnenkönig' oder mit dem richtigen Kaiser . . ."
H. F. M.: „. . . der Kreisky war ein Republikaner, den die Journalisten zum ‚Sonnenkönig' machten und so in den medialen Adelsstand erhoben.
Apropos Kaiser: Bei einem Kaisermanöver in Galizien war Erzherzog Franz Ferdinand, der Neffe von Franz Joseph, auf der Suche nach dem kaiserlichen Stab. Hilfesuchend fragt er einen Gendarmen: ‚Wo ist Seine Majestät?'
‚Grad ist der Herr Onkel um die Ecken!'
Franz Ferdinand entrüstet: ‚Ist Er von Sinnen?'
Der Gendarm, mit treuherzigem Ton:
‚Na, er war ganz normal!'"

IM ZELT

G. V.: „Der Titel könnte einen falschen Eindruck erwecken. Wir sind nicht mehr im Kaisermanöver, sondern siebzig Jah-

re später. Bundeskanzler Kreisky empfängt den französischen Ministerpräsidenten Georges Pompidou und macht mit ihm die klassische Rundreise, der sich alle Staatsgäste unterziehen müssen, durch die Wachau, Stift Melk und das Kraftwerk Ybbs-Persenbeug. Dort thront auf einem mächtigen Felsen ein ebenso mächtiges Schloß.
Auf die Frage der französischen Journalisten, wer denn da drinnen wohne, sagt Kreisky knapp: ‚Habsburg Salvator'.
‚Habsburg?' fragen staunend die Medienleute.
‚Haben Sie nicht die Habsburger aus dem Land verbannt?'
‚Nein', brummt Kreisky, ‚und haben Sie vielleicht geglaubt, daß wir die im Zelt wohnen lassen?'"

WEIT GEBRACHT

H. F. M.: „Während seiner achtundsechzigjährigen Regierungszeit verbrachte Franz Joseph jeden Sommer in Bad Ischl. Und in den ersten Jahren sah man dem jugendlichen Monarchen seine kaiserliche Würde gar nicht an. Das ist auch der Hintergrund folgender Anekdote:
Auf der Bad Ischler Esplanade spricht ein wohlbeleibter, eleganter Herr einen jungen Mann an. Er erzählt ihm von seinem großen Gutsbetrieb samt Schweinezucht in Ungarn, daß er hier zu einer Molkekur sei, da er sich durch zu viel Paprika ein Magenleiden zugezogen habe. Der junge Herr hört aufmerksam zu, ist aber nicht sehr gesprächig. Der Magyare will ihn aus der Reserve locken und fragt: ‚So, mein junger Herr, jetzt wissen Sie, wer ich bin, nun sagen Sie mir aber auch, wer Sie sind.'
Der junge Herr ringt nach einer Antwort; der Ungar will ihm weiterhelfen: ‚Nun, Sie sind vielleicht Offizier? Sind Sie Fähnrich oder Leutnant?'
‚Mehr', antwortete einsilbig der junge Herr.
‚Also Oberleutnant – oder gar Rittmeister?'
‚Noch mehr!'
‚Major? – Oberst? – General? Also sagen Sie mir doch, wer Sie sind!'

‚Oberster Kriegsherr!'
Da klopfte der Ungar dem Unbekannten gönnerhaft auf die Schulter: ‚Bravo, junger Mann, weit gebracht!'"

LAUTER KAISER

H. F. M.: „Erzherzog Franz Karl, Sohn Kaiser Franz' I., Bruder Kaiser Ferdinands I. und Vater von Kaiser Franz Joseph und Kaiser Maximilian von Mexiko, hatte 1848 zugunsten seines Erstgeborenen auf die Kaiserwürde verzichtet. Er war ein leutseliger alter Herr, der einmal bei einem Spaziergang in der Nähe von Bad Ischl von einem Bauern, der ihn nicht erkannte, aber merkte, daß es ein höherer Herr sein mußte, so angeredet wurde: ‚Was is denn Ihna Ältester?' Franz Karl antwortete leutselig: ‚Kaiser!' – ‚Und was is der zweite?' – ‚Auch Kaiser!' – ‚Und was war Ihna Vater?' – ‚Kaiser!' – ‚Und haben S' a an Bruader?' – ‚Ja, der war auch Kaiser!' – ‚Und Sie', fragte schließlich verdattert das Bäuerlein, ‚Sie san aber ka Kaiser!' – ‚Nein', erwiderte der Erzherzog lächelnd, ‚aber ich wär' fast einer word'n.'"

URGROSSVATER

G. V.: „Stichwort kaiserliche Verwandtschaft! Da fällt mir eine Schnurre aus dem Bundesheer der Zweiten Republik ein. Am Höhepunkt des vielzitierten ‚Habsburgerkannibalismus' der SPÖ am Ende der sechziger Jahre visitiert der ‚rote' Panzertruppeninspektor, Brigadier Franz Veczernik, in Götzendorf nahe Wien die neunte Panzergrenadierbrigade. Wegen vieler adeliger Offiziere, wie etwa des späteren Armeekommandanten Emil (Graf) Spannocchi oder dessen Adjutanten Major (Graf) Attems, auch die ‚Grafenbrigade' genannt. Ziel des (bürgerlichen) Generals war der Kommandant einer Panzerkompanie mit Namen Stolberg. In der Kanzlei hing ein überlebensgroßes Bild Kaiser Franz Josephs. Der hohe Offizier stutzt: ‚Hauptmann Stolberg! Weißt du nicht, daß es verboten ist, in Diensträumen Bilder des Hauses Habsburg auf-

zuhängen?‘ Der Hauptmann, mit einem Anflug von Schmunzeln: ‚Natürlich ist mir das bekannt, Herr Brigadier. Ich wußte aber nicht, daß es mir verboten ist, das Bild meines Urgroßvaters* aufzuhängen!‘“
H. F. M.: „Und wie reagierte der General?“
G. V. : „Er verließ mit hochrotem Kopf den Raum.“

ABSTAMMUNG 1

H. F. M.: „Ja, auf den Stammbaum kommt's an.“
G. V.: „Nicht nur beim Erbadel, auch in der Sozialdemokratie!
Bruno Kreisky stammte aus einer großbürgerlichen und intellektuellen Familie. Sein Vater war wohlhabender Textilfabrikant, einer seiner Brüder, Rudolf Kreisky, einer der geistigen Wegbereiter der Konsumgenossenschaften. Als der junge Kreisky 1927 bei einem Jugendtreffen dem Wiener Bürgermeister Karl Seitz vorgestellt wurde, fragte der forschend: ‚Kreisky? Sind Sie der Sohn vom reichen oder vom g'scheiten Kreisky?‘“

ABSTAMMUNG 2

H. F. M.: „Eine köstliche Schnurre zum Thema Abstammung hat mir einmal unser Kollege Malte Olschewski erzählt. Sie spielt Mitte der siebziger Jahre, als er noch Redakteur der großformatigen ‚Presse‘ war und einen höchst schmeichelhaften Auftrag erhielt; von Chefredakteur Otto Schulmeister persönlich.
Es ging um den neu aufkommenden Personenkult, wie er damals um die Person Kreiskys begann: Kreisky-Poster, Kreisky als Kleiderbügel, als Sparbüchse und so fort.
Nicht zu vergessen die vielen Kreisky-Witze. Olschewski begann daher seinen Artikel: ‚Bruno Kreisky Superstar‘ stil-

* Erzherzogin Hedwig, eine Enkelin des Kaisers, hatte 1918 den Grafen Bernhard zu Stolberg-Stolberg geheiratet.

gerecht mit einem Kreisky-Witz und beendete ihn auch mit einem solchen. Der Trick dabei war, daß er beim letzteren die Pointe nicht verriet. Am nächsten Tag legten die Leser die Telefonzentrale der ‚Presse' lahm; Olschewski wurde vom Dienst abgezogen, um den Hundertschaften von Lesern die Pointe zu erzählen.

Um etwa 17 Uhr meldete sich am anderen Ende der Leitung das Bundeskanzleramt: ‚Ich verbinde mit Herrn Bundeskanzler Dr. Kreisky.'"

G. V.: „Du hast den Lesern bisher den Witz verschwiegen!"

H. F. M.: „Ich will's zusammen mit der Pointe tun.

‚Kreisky stirbt und kommt in den Himmel. An der Tür empfängt ihn Petrus: ‚Apoll ...' Kreisky unterbricht ihn: ‚So schön bin ich nun auch wieder nicht.' Darauf Petrus: ‚Du hast mich ja nicht ausreden lassen. Ich wollt' doch sagen: a polnischer Jud kommt ma da nicht herein.'"

G. V.: „Und wie hat sich da der Malte herausgewurschtelt?"

H. F. M.: „Der hat sich natürlich gewunden wie der sprichwörtliche Aal. Schwitzend stammelte O., daß es ihm peinlich sei. Doch Kreisky ließ nicht locker: ‚Ich verstehe doch Spaß, raus mit der Pointe.'"

G. V.: „Gab's dann ein Kreiskysches Donnerwetter?"

H. F. M.: „Nein, der Kanzler hat sehr gelacht und Olschewski korrigiert: ‚Ich bin ja kein polnischer, sondern ein böhmischer Jud.'"

GENERATIONSWECHSEL

H. F. M.: „Der Großteil der Familie Kreisky kam bekanntlich in den KZs der Nazis ums Leben. Einer der wenigen Überlebenden starb 1976 im hohen Alter von neunzig Jahren. Bei dessen Tod sagte Kreisky betrübt: ‚Bis jetzt hat's noch den jungen und den alten Kreisky gegeben. Aber nun ...'"

OPPOSITION

G. V.: „Mit seinem Sohn Peter verstand sich Kreisky zumindest politisch nicht sehr. Der Kanzler-Sohn war meist in der ersten Reihe zu finden, wenn gegen seinen Vater demonstriert wurde. Eines Abends besuchte Kreisky die Galerie in der ‚Alten Schmiede' in der Wiener Innenstadt. An der Tür fragte ihn ein Funktionär: ‚Weißt du, daß dein Filius bei uns ist? Soll ich ihm sagen, daß du da bist?'
Kreisky wehrt ab: „Ah, laß das nur. Wer weiß, ob ihm das recht ist. Der sitzt sicher im Keller und organisiert die Opposition gegen mich.'"

ZEITENWENDE

H. F. M.: „Da haben's die späteren Kanzler mit ihrem Nachwuchs schon einfacher gehabt. Die Vranitzky-Kinder haben Golf gespielt, statt Politik zu machen, und als 1996 Klimas Sohn Jan mit anderen Studenten in Wien gegen das Sparpaket der Regierung demonstrierte, war der Vater froh, seinen

Sohn wieder einmal zu sehen, denn der studierte im fernen Leoben an der Montanistik, wo er es inzwischen zum Spitzenkandidaten des VSStÖ gebracht hat."
G. V.: „Na, wenn Klima sen. lange genug Kanzler ist, vielleicht macht Klima jun. auch einmal Opposition gegen den Vater."

„GOTT SCHÜTZE ÖSTERREICH"

H. F. M.: „Kreisky stand ja dem Militär sehr skeptisch gegenüber; vor allem der Generalität."
G. V.: „Dabei war er der erste, der einen, nein, gleich zwei Generäle in die Politik holte."
H. F. M.: „Wenn er bei bürgerlichen Zivilisten geblieben wäre, hätte er sich manches erspart."
G. V.: „Der Vater des einen, der pensionierte k.u.k. General Kasimir Freiherr von Lütgendorf, sah das mit seherischer Gabe. Als ihm sein Sohn, der damalige Brigadier des Bundesheeres Karl Ferdinand, mitteilte, daß ihn Kreisky zum neuen Verteidigungsminister ernennen wolle, meinte der alte Herr kopfschüttelnd: ‚Gott schütze Österreich!'"

CLUB 45

G. V.: „Zu Kreisky und Lütgendorf fällt mir gleich noch was ein. Kannst du dich erinnern, wie der Udo Proksch den Club 45 eröffnet hat?"
H. F. M.: „Was hat der mit der Monarchie zu tun?"
G. V.: „Weil da der Karl Ferdinand von Lütgendorf die Hauptrolle spielt. Der Udo Proksch hatte nämlich bei der Eröffnung des Club 45 zwei Bänder gespannt. Ein rot-weiß-rotes für Kanzler Kreisky als Republikaner und ein schwarz-gelbes für Verteidigungsminister Lütgendorf, denn – so Proksch – der sei ja ein Freiherr.
Doch da hat der Kreisky nicht mitgespielt. Mit den Worten: ‚So a Bledsinn, her mit der Scher' hat er beide Bänder durchgeschnitten!"

ES WAR . . .

H. F. M.: „Der alte Kaiser hat doch sicher in seiner langen Regierungszeit mehr Bänder durchschnitten als der Kreisky."
G. V.: „Aber dabei immer nur denselben Satz gesagt: ‚Es war sehr schön, es hat mich sehr gefreut.'"
H. F. M.: „Aber bei der Vorführung des ersten Kinematographen in Wien 1894 stellte man für die Majestät extra einen Sessel vor die erste Reihe. Der Kaiser hatte also den für eine Filmvorführung denkbar schlechtesten Platz. Er sah weniger als alle anderen, weniger prominenten Zuschauer. Und so enthielt er sich auch am Ende jeder Äußerung."
G. V.: „Nicht einmal . . ."
H. F. M.: „. . . nein, er hat nicht einmal: es war sehr schön . . . gesagt."

MODERNE KUNST

G. V.: „Da hat's der Kaiser mit der Malerei schon einfacher gehabt. Er war ein beliebtes, wenn nicht das meistgemalte Motiv der Monarchie. Wobei er besonderen Wert auf Detailtreue, etwa bei den Orden und der Uniform, legte."
H. F. M.: „Als die Makart-Ära aber vorbei war und die ‚jungen Wilden' kamen, war des Kaisers Kunstverständnis am Ende. Eine dieser Ausstellungen besuchte Franz Joseph pflichtgemäß. Der Kaiser ging schweigend durch die Räume, blieb vor dem einen oder anderen Bild kopfschüttelnd stehen und sagte dann zum Abschied: ‚Ich habe es mir eigentlich ärger vorgestellt.'"

LUEGER'L

G. V.: „Da war er ja einer Meinung mit Bürgermeister Karl Lueger, mit dem er bekanntlich nicht immer einer Meinung war. Über die bildende Kunst sagte Lueger einmal zum Maler Josef Engelhardt: ‚Wenn man was auf die Gassen stellt,

sollen die Leut' a Unterhaltung haben. Was schön ist, ja, aber die Secession – ui jegerl.'"
H. F. M.: „Wie hätte der Lueger reagiert, wenn er 1998 noch Bürgermeister gewesen wäre und die rot angepinselte Secession gesehen hätte?"
G. V.: „Auf jeden Fall hat er einst auf die Frage, warum er sich nicht mehr mit Kunst befasse, trocken geantwortet: ‚Ich kann mich nicht um alles kümmern . . .'"

EXPERTEN

G. V.: „Bruno Kreisky stand der zeitgenössischen Kunst weit aufgeschlossener gegenüber. In seinem Arbeitszimmer hing hinter dem Schreibtisch eine große Spirale von Friedensreich Hundertwasser."
H. F. M.: „Und was hat das mit den Habsburgern zu tun?"
G. V.: „Als Otto Habsburg 1972 erstmals einreisen durfte und den Kanzler am Ballhausplatz besuchte, fragte nachher Kreiskys Sekretär Johannes Kunz den Kanzler, welchen Eindruck er vom Kaiser-Sohn habe.
Kreisky knapp: ‚No, vom Hundertwasser versteht er viel.'"

UNTER UNS

H. F. M.: „Zurück zum Kreisky und dem Freiherrn von Lütgendorf. Der alte Sozi hat wohl keinen Respekt vor dem Adel gehabt?"
G. V.: „Überhaupt nicht wahr. Der Kreisky war doch geradezu verschossen in die Nobilitierten. Sein erster Präsidialchef war ein Graf, Lukas Beroldingen. Und eine Gräfin war angeblich jahrelang seine Freundin.
Apropos Gräfin: Als Kreisky einmal die Witwe des Herrn Kövess von Kövesshaza galant mit Baronin ansprach, hat ihn der Sohn des einstigen k.u.k. Feldmarschalls getadelt: ‚In Österreich, Herr Bundeskanzler, ist doch der Adel seit 1918 abgeschafft!' ‚Aber, ich bitt' Sie, lieber Baron', replizierte Kreisky, ‚wir sind doch unter uns.'"

BEFEHL

H. F. M.: „Weil wir grad beim Herrn von Lütgendorf waren. Der ist ja noch in recht fortgeschrittenem Alter Vater geworden."
G. V.: „Sogar zweimal. Zuerst wurde ihm eine Tochter geboren. Bei der Ministerratssitzung steckt ihm sein Adjutant Oberst Schaffer einen Zettel mit dieser Nachricht zu.
‚Wie alt ist er denn?' fragt Kreisky.
‚No, etwas über sechzig ist er schon', meldet der Oberst. K. quittiert das mit einem verschmitzten: ‚Allerhand!'"
H. F. M.: „Später hat ‚Lü' doch noch einen Sohn bekommen?"
G. V.: „Wieder dasselbe Spiel: ‚Sag' einmal, wie alt ist denn der Lütgendorf eigentlich?' Und als der Kanzler merkt, daß Lütgendorf nur drei Jahre jünger als er ist, meint K. schnippisch: ‚Na ja, so ein General kann sich's halt noch befehlen!'"

VÄTER UND SÖHNE

G. V.: „Mit seinen eigenen Kindern ist der Kreisky in der Öffentlichkeit ja nie besonders liebevoll umgegangen – wenn du dich erinnerst.
In unserem ersten großen TV-Portrait über ihn hat er doch über die Geburt seines Sohnes Peter folgendes erzählt: ‚Als ich in die Geburtsklinik gekommen bin, habe ich gleich mein Kind erkannt. Es war das häßlichste unter den Babys. Das hat sich zwar in der Kindheit gebessert, um nachher wieder den Erstzustand anzunehmen.'"

KREPIERL

H. F. M.: „Ähnlich gespannt war ja auch von Anfang an das Verhältnis zwischen Franz Joseph und seinem Sohn Rudolf. Da der sensible Thronfolger nicht so für die beiden einzigen Leidenschaften des Vaters, das Militär und das Jagen, zu be-

geistern war, nannte ihn Franz Joseph einmal abwertend: ‚Krepierl'."
G. V.: „Über Kreiskys Kronprinzen sind ähnlich vernichtende Urteile bekannt. Aber da die Herren noch alle leben, müssen wir sie für uns behalten."

GENOSSEN UNTER SICH

G. V.: „Wir müssen unseren Lesern noch unbedingt die Anekdote vom legendären Wiener Polizeipräsidenten ‚Joschi' Holaubek und dem Schah erzählen."
H. F. M.: „Weil das auch ein Monarch war?"
G. V.: „Da hat doch der ‚Joschi' die Demonstranten am Rennweg – als sie die Fahrt von Schah Reza Pahlevi vom Flughafen Schwechat ins Hotel Imperial stoppen wollten – durch seine Polizisten von der Fahrbahn zerren lassen."
H. F. M.: „Und was hat das mit dem Kreisky zu tun?"
G. V.: „No, sein Sohn Peter war unter denen, die von den Polizisten unsanft entfernt worden waren. Und der Kreisky hat beim Wiener Polizeipräsidenten Holaubek dagegen protestiert."
H. F. M.: „Der hat sich das gefallen lassen?"
G. V.: „Die Antwort war natürlich ein Gustostückerl an Dialektik: ‚Genosse Kreisky, ich hab' die Demonstranten nicht, wie du vielleicht glaubst, wegen des Schah entfernt. Ich wollt' nur sicherstellen, daß der Herr Bundespräsident, der Genosse Schärf, unbehelligt in die Hofburg fahren kann.'"

HOFBURG BLEIBT HOFBURG
Von Schönbrunn bis Erdberg

Franz Joseph wurde selbstverständlich im Schloß Schönbrunn geboren, sein Nachfolger Karl auf Schloß Persenbeug und dessen Sohn Otto in Reichenau an der Rax, im Schloß Wartholz. In Untertannowitz bei Znaim wäre wohl kein Habsburger zur Welt gekommen, außer bei einer kaiserlichen Sturzgeburt im Reisewagen, wohl aber Karl Renner, der erste Staatskanzler der jungen Republik Deutsch-Österreich und erste Bundespräsident nach 1945.

Inzwischen ist auch der Wiener Stadtteil Erdberg als Geburtsadresse standesgemäß für den ersten Mann im Staat, da auch der weltbekannte Jazzer Joe Zawinul diesen enteren Gründen entstammt. Zuletzt wäre bei einem Kandidaten zu befürchten gewesen, daß er die Hofburg verkauft und von der Lugner-City in Wien-Fünfhaus aus regiert hätte.

Da wollen wir uns nachträglich doch bei Karl Renner bedanken, der nach 1945 wieder die Hofburg entdeckte, um damit ein klares Gegenstück zum Kanzleramt zu bilden, wo er, Hainisch und Miklas ja seit dem Auszug des letzten Kaisers aus der Hofburg zwanzig Jahre quasi in Untermiete zugebracht hatten.

Und die Wahl im April 1998 hat's ja bestätigt: die Österreicher wollen einen „Ersatz-Kaiser", und der soll natürlich in der Hofburg residieren.

KAFFEEHÄFERL

H. F. M.: „Jetzt sollten wir einmal von hinten beginnen, also am Ende der ‚Galerie' in der Hofburg."
G. V.: „Thomas Klestil wurde im vergangenen Wahlkampf . . ."
H. F. M.: „. . . der ja keiner war . . ."
G. V.: „. . . vorgeworfen, daß er in den letzten sechs Jahren zu abgehoben, zu monarchenhaft regiert habe. Ausgerechnet ein Sozialist, der frühere Kreisky-Sekretär und spätere Außenminister Peter Jankowitsch fand dafür erklärende, fast entschuldigende Worte: ‚Wenn jemand den ganzen Tag in einem Büro verbringt, wo von allen Wänden ein Kaiser herunterschaut, der Doppeladler auf jedem Löffel, jedem Messer eingraviert ist, er dich sogar aus dem Kaffeehäferl anschaut, dann glaubst' zum Schluß selbst, daß der Kaiser bist.'"

THOMAS III.

G. V.: „Die entzückendste Geschichte hat Enkel Thomas geliefert, als er zusammen mit Großvater Thomas I., Vater Thomas II. und Mutter Katharina am Sonntag, dem 19. April

1998, zur Wahl gehen durfte. Der Vierjährige, des Schreibens und Lesens noch unkundig, verstand aber sehr wohl schon den Schriftzug: Thomas Klestil am Stimmzettel. Als er aus der Wahlzelle kam, meinte er fröhlich zu den Fotografen: ‚Die Mami hat mich gerade zum Bundespräsidenten gewählt!'"

RASIERKLINGE

H. F. M.: „Die pointierteste Bemerkung über diesen ungleichen Wettbewerb sehr – sagen wir's vornehm – verschiedenartiger Kandidaten kam von einem der prominentesten Klestil-Werber, von Ex-ORF-Generalintendant Gerd Bacher: ‚Noch nie wurde die Wahl zum Bundespräsidenten zu einem derartigen PR-Klamauk zwischen Unverschämtheit, Ahnungslosigkeit und Anmaßung mißbraucht.'"
G. V.: „In der ‚TV-Pressestunde' damit konfrontiert, war das Thomas Klestil dann doch zu scharf: ‚Eine deutsche Zeitung hat einmal geschrieben: Sachertorte mit Rasierklingen – das ist Gerd Bacher.'"

JAUSENONKEL

G. V.: „Noch schärfer ist Nationalratspräsident Heinrich Neisser geworden: ‚Diese Art des Wahlkampfes, dieses possenhafte Betragen mancher Hofburgbewerber führt zu einer sinkenden Akzeptanz des Amtes.' Um nachzusetzen: ‚Der Bundespräsident ist doch kein Jausenonkel oder Frühstücksdirektor.'"

ERÖFFNER

H. F. M.: „Zurück zum Hause Habsburg. Was tun mit einem kaiserlichen Prinzen, der selbst nach Meinung der eigenen Mutter ‚schwach im Talente' ist?
Erzherzog Karl Ludwig tat sich weder in der Politik noch in seinem militärischen Beruf hervor. Er wurde schließlich als

Repräsentant des Kaiserhauses bei Ausstellungen, so der Wiener Weltausstellung 1873, eingesetzt. Was ihm im spöttischen Volksmund der Wiener den Titel: ‚Ausstellungs-Erzherzog' eintrug."
G. V.: „Aktuelles fällt dir dazu nicht ein?"
H. F. M.: „Oja, daß der Titel derzeit nur deshalb nicht vergeben werden kann, weil wir keine Erzherzöge mehr haben."

MADONNA

H. F. M.: „In der Amtszeit von Rudolf Kirchschläger, wegen seiner pastoralen Stimme auch ‚Pater Rudolf' genannt, schrieb eine deutsche Zeitung: ‚Was für ein Land, in dem der Bundespräsident predigt und der Kardinal (König) politisiert.'"
G. V.: „Wenn Gertraud Knoll in die Hofburg eingezogen wäre, hätte sie ja beide Rollen übernehmen können."
H. F. M.: „Dagegen war aber ein älterer Fan. Während Knoll am Wahlabend noch die Ergebnisse der burgenländischen Gemeinden studierte, meinte er: ‚Sie können gar nicht Bundespräsidentin werden, weil Sie wie die Madonna aussehen.'"

STERNE

G. V.: „Freda Meissner-Blau, Unterstützerin von Gertraud Knoll, die selbst 1986 als erste Frau um das Amt des Bundespräsidenten kandidiert hatte, wurde gefragt, was von der Kandidatur der Bischöfin bleibe. Meissner-Blau selbstbewußt: ‚Jetzt ist man gewöhnt, daß Frauen auch nach den Sternen greifen.'"

DER VERGLEICH

H. F. M.: „Der Chef hat den Ring gemieden, und so blieben die Herausforderer unter sich."
G. V.: „Wie etwa bei einer Wahlwerbung von Heide Schmidt in Innsbruck. Mit einem Tiroler ist es als Wiener schon ohne

Wahlkampf nicht leicht, ins Gespräch zu kommen. Und dann noch als Frau, als Politikerin.
‚Hm' – mehr war dem braven Mann nicht zu entlocken.
Heide Schmidt gibt nicht auf: ‚Ich bin Kandidatin für das Amt des Bundespräsidenten.' Wieder keine Reaktion.
Endlich macht er den Mund auf: ‚San Sie so was wia da Waldheim?'"
G. V.: „Da blieb vermutlich der von Heide Schmidt offen!"

WERBUNG FÜR DEN „FEIND" 1

H. F. M.: „Geworben hat die Heide Schmidt sogar einmal für den Richard Lugner!"
G. V.: „Wie ist ihr denn das Mißgeschick passiert?"
H. F. M.: „Bei der Eröffnung der Lugner-City war sie noch FPÖ-Generalsekretärin. Kam, wie auch heute noch oft, zu spät; konnte sich nicht mit ihrem Team absprechen und hielt eine flammende Rede auf Richard Lugner und die neue Lugner-City. Erst das entsetzte Gesicht eines Mitarbeiters machte sie stutzig. Die FPÖ hatte nämlich gegen den Bau des Kaufhauses gestimmt, weil sie darin eine übermächtige Konkurrenz für die kleinen Kaufleute im 15. Bezirk, meist FPÖ-Wähler, sah."

WERBUNG FÜR DEN „FEIND“ 2

H. F. M.: „Die sogenannten Parteifreunde sind ja bekanntlich die ärgsten Feinde. Das gilt für die Metropole genauso wie für die Provinz.“

G. V.: „Im Wahlkampf für die Jonas-Nachfolge 1984 reiste Bundeskanzler Kreisky als SPÖ-Vorsitzender im Schlafwagen nach Innsbruck, der Kommandozentrale des ÖVP-Gegners, Bürgermeister Alois Lugger, um für seinen Kandidaten, Außenminister Rudolf Kirchschläger, die Trommel zu rühren. Im Hotel Europa angekommen, traf er auf Tirols Landeshauptmann Wallnöfer, der ein Intimfeind seines Parteifreundes Lugger war. Bei der Begrüßung entspann sich folgender Dialog.

K.: ‚Was machst du da?‘

W.: ‚Dich begrüßen!‘

K.: ‚Ich bin aber da, um für den Kirchschläger zu werben.‘

W.: ‚Das isch ja guat, weil der is ja der Bessere!‘“

H. F. M.: „Jetzt versteht man die Definition von Parteifreund noch besser.“

HEILIG

H. F. M.: „Staatsbesuch aus Prag – noch in der KP-Zeit. Bundespräsident Rudolf Kirchschläger fährt mit dem Gast über die Wiener Südost-Tangente. Bei der Ausfahrt St. Marx neigt sich Kirchschläger zu seinem Besucher: ‚Sehen Sie, Wien ist die einzige Stadt, wo Marx bereits heiliggesprochen worden ist.‘ Der Kommunist Husak verzieht, obwohl er sehr gut Deutsch kann, keine Miene.

Nicht anders erging es Kirchschläger mit DDR-Chef Erich Honecker, doch der konnte sich nicht auf Sprachschwierigkeiten ausreden.“

PROBLEME

H. F. M.: „Gespräche auf hoher Ebene werden meist in einer sehr diplomatischen, für den Normalbürger verklausulierten

Sprache geführt. Die es angeht, verstehen es aber schon. So sprach der erste jugoslawische Staatspräsident nach Tito, der Slowene Spiljak, Kirchschläger bei einem Essen in Laibach auf die Frage der österreichischen Slowenen an.
Kirchschläger antwortete kurz und bündig: ‚Ja, wir haben ein Slowenenproblem, und Sie haben kein Deutschenproblem – und wir wissen beide, warum.'"

NEGER

G. V.: „Zurück zur Innenpolitik. Die ÖVP hatte ja in den Nachkriegsjahren kein großes Glück mit der Auswahl ihrer Kandidaten für die Hofburg.
Gegen den populären Wiener Bürgermeister General Körner konnte der oberösterreichische Landeshauptmann Heinrich Gleissner zwar den ersten Wahlgang gewinnen, in der Endabrechnung fehlten aber vier Prozent. Julius Raab nominierte gegen Adolf Schärf zuerst den Chirurgen Wolfgang Denk, nach vier Jahren trat er selbst an und unterlag. Nach dem Sieg von Franz Jonas über den früheren ÖVP-Bundeskanzler Alfons Gorbach, der sogar für die eigene Partei ein wenig überraschend gekommen war, machte folgender Witz in Österreich die Runde: ‚Wann wird Österreich einen schwarzen Bundespräsidenten bekommen?' – ‚Wenn die Sozialisten einen Neger als Kandidaten aufstellen.'"

WATZLAWIK

G. V.: „Als es dann soweit war, daß ein ‚Schwarzer' Chancen hatte, in die Hofburg einzuziehen, spielte ein Pferd die zentrale Rolle. Kurt Waldheim hatte als Soldat 1937 bei der Kavallerie in Stockerau gedient. Sein Schwadronskommandant war der spätere General des Bundesheeres Karl Ruby, in dessen Dienstzimmer ein Foto aus diesen Tagen hing. Es zeigte die Schwadron, auf dem ersten Pferd einen überlangen, schlaksigen Soldaten mit einer besonders großen Nase.
Als in den Tagen des beginnenden Wahlkampfes von 1986 ein

einstiger Stockerauer Kavallerist dem General die Aufwartung machte, rief er angesichts des Bildes aus: ‚Jessas, da Watzlawik, hoch zu Roß!'"
H. F. M.: „Zur Erklärung für unsere Leser: Waldheim hatte ursprünglich Watzlawik geheißen; erst in den dreißiger Jahren hatte sein Vater den tschechischen Namen in Waldheim ‚germanisieren' lassen."

GWÖT

G. V.: „Volle vierzig Jahre also residierten die ‚Roten' in der Hofburg. Deshalb taten sich auch viele altgediente Chargen schwer, als mit Kurt Waldheim erstmals ein ‚Schwarzer' im Leopoldinischen Trakt einzog. Charakteristisch für die neue Situation war vielleicht folgender Dialog zwischen dem neuen Adjutanten, Divisionär Manfred Mitterbauer, und dem diensthabenden Kriminalbeamten: ‚Herr Inspektor, ist der Chef schon da?' Zur Überraschung des hohen Offiziers kam weder ein Ja noch ein Nein, sondern die Gegenfrage: ‚Wen manans mit'n Chef?' Der Divisionär kopfschüttelnd: ‚No, den Präsidenten natürlich.'
Darauf der altgediente Kiberer: ‚Da Chef in der Präsidentschaftskanzlei is da Kabinettsdirektor, wäu da Präsident is nur gwöt!'"

KLEBEETIKETT

H. F. M.: „Nicht nur die Kriminalbeamten am Ballhausplatz waren verunsichert. Auch der renommierte Schweizer ‚Who is Who'-Verlag hatte mit der ‚Causa Waldheim' seine verlegerischen Schwierigkeiten, um so mehr, als der Vorsitzende der umstrittenen Historiker-Kommission ein Schweizer war.
Da eine – wie der Verlag bekanntgab – nicht unbeträchtliche Zahl von Persönlichkeiten die Streichung der (lückenhaften) Biographie Waldheims wünschte, was wiederum bei Waldheim-Befürwortern heftige Proteste auslöste, entschloß sich der Verlag zu einer ‚salomonischen' Lösung: Den Abonnen-

ten wurde ein Klebeetikett mit der Waldheim-Biographie mitgeliefert. Wer wolle, so ein Verlagssprecher, könne dieses Etikett an der freigelassenen Stelle im Band einkleben."
G. V.: „Nestroy hätte an dieser Lösung sicher seine helle Freude gehabt."

KÜSSEN

H. F. M.: „Manche Damen der Gesellschaft suchen sehr oft die Nähe des ersten Mannes im Staate.
So drängte sich etwa bei der Weltmeisterschaft im Schifliegen 1998 das allgegenwärtige Adabei-Doppel Mutter Christa Mayerhofer und Tochter Gräfin Walderdorff vor die Loge des Bundespräsidenten und wollte seine Aufwartung machen. Dem drängenden Sekretär beschied Klestil: ‚Sag den Damen, sie sind heute schon einmal geküßt worden. Das genügt!'"

DIE HOHEN FRAUEN
Von Sisi bis Mausi

Sieht man von Maria-Theresia ab, und vergißt nicht Erzherzogin Sophie, die überstrenge Mutter von Franz Joseph, dann haben die Frauen in der Hofburg nicht allzugroßen Einfluß gehabt. Anders als im bürgerlichen Leben überlebten etliche Monarchen und Bundespräsidenten ihre Ehefrauen oder waren bis ins hohe Alter Junggesellen geblieben, wie etwa der General Körner.

Zuletzt zog eine Partnerin schlicht und einfach aus, was in Wirklichkeit ja auch die Kaiserin Sisi ein Jahrhundert vorher getan hatte. Nur damals nannte man es anders.

Übrigens nicht wegen Katharina Schratt; da war sie großzügiger als ihre republikanische Nachfolgerin Edith. Wohl wegen der vielen Hofschranzen und der beklemmenden Etikette. Das hätte die Nachfolgerin 1994 nicht abgestoßen, aber der Haupthofschranze war inzwischen weiblich.

1998 konnte der Totalangriff der Frauen auf den Leopoldinischen Trakt noch einmal abgewendet und so den Männern die Schmach einer unbedankten Rolle als Prinzgemahl erspart werden, wie wir es aus dem Londoner Buckingham-Palast seit Jahrzehnten kennen.

Leider hat's der Lugner nicht geschafft, und so müssen wir weiter rätseln, wie sich das „Mausi" in der Hofburg verhalten hätte. Für ein paar Anekdötchen im Wahlkampf hat's gereicht.

MYTHOS SISI
oder
Die Lady Diana des 19. Jahrhunderts

Wir haben lange gezögert, Kaiserin Sisi mit Lady Di zu vergleichen. Erst als dies eine ausgezeichnete Fernsehdokumentation des ORF und ein Buch durch viele Belegstücke nachhaltig bestätigten, warfen wir unsere Bedenken über Bord.
Auf den ersten Blick mag ja diese Gegenüberstellung sehr gewagt sein: da die total scheue, extrem zurückgezogen lebende Monarchin, dort das Kind der grellen Medienwelt des 20. Jahrhunderts. Da die Frau, die zuletzt keine reale Erscheinung mehr war, die nur Bilder gestattete, die sie zeigten, wie sie sich sehen wollte, dort die wohl meistfotografierte Frau unseres Jahrhunderts, geknipst von der Hochzeit bis ins Fitneßstudio. Vielleicht hätte die Geschichte einen anderen Verlauf genommen, wenn es im 19. Jahrhundert schon Paparazzi gegeben hätte. Vielleicht wäre dann dieser Berufsstand inzwischen ausgestorben.
Und doch sind die Parallelen nicht zu übersehen:
Zwei Frauen, von standesgemäßer, aber nicht von dynastischer Geburt, fernab der Society auf dem Land aufgewachsen, werden in die unreelle Welt eines Monarchentums von Gottes Gnaden verheiratet. Beide leiden unter dem höfischen Zwang, beide müssen gegen die gestrenge Schwiegermutter um ihre Kinder kämpfen, die in der traditionellen Härte wie ihre Väter erzogen werden sollen, beide scheitern in ihrer Beziehung und führen zuletzt eine Ehe zu dritt. Da ist natürlich wenig Platz für Heiteres. Die Forschung zeigt auf jeden Fall: Die modernere von beiden war nicht die Princess, sondern die Kaiserin.

TABELLEN

H. F. M.: „In der Tat sind die Parallelen verblüffend. Sowohl Sisi wie Diana waren sehr schlank und litten zeitweise unter schweren Eßstörungen. Die ‚Nebenbuhlerinnen' – oder wie immer man die Damen Schratt und Camilla nennen will – waren eher rundlich. Ein Angriffspunkt, in dem Sisi die Schratt wirklich treffen konnte, war deren üppige Figur."
G. V.: „Die Kaiserin versäumte nicht, ständig zu sticheln, und gab ihr gute Ratschläge für Abmagerungskuren.
Die Rivalität der beiden Frauen wurde – wie folgendes Zitat zeigt – über Gewichtstabellen ausgetragen.
Der Kaiser in einem Brief an die Schratt: ‚Ihren Handkuß habe ich der Kaiserin ausgerichtet. Sie grüßt Sie herzlich und befahl mir, Ihnen beiliegenden Zettel zu schicken, auf welchem ihr Gewicht und dessen Abnahme bei der letzten Wägung notiert ist. Natürlich wollte sie gleich Ihre Gewichtsabnahme nach der Gletschertour wissen, und als ich ein Kilo meldete, fand sie das wenig.'"

KORSETT

G. V.: „In Sisis Tagebuch hört sich das aber viel gehässiger an."
H. F. M.: „Ja, da ist böser Spott zu spüren: ‚Dein dicker Engel kommt ja schon im Sommer mit den Rosen. Sie schnürt den Bauch sich ins Korsett, daß alle Fugen krachen . . .'"

MUMIE

G. V.: „Sie war ja sehr deftig in ihren Aussprüchen, die bayerische Prinzessin aus Possenhofen. Das Thema Körper und Altern beschäftigte sie ihr ganzes Leben: ‚Es gibt nichts Grauslicheres, als so nach und nach zur Mumie zu werden. Vielleicht werde ich später immer verschleiert gehen.'"
H. F. M.: „Da wundert's einen nicht, daß ihr letztes Portraitfoto im Alter von 31 (!) Jahren entstand. Dann verbarg sie

sich hinter Fächern vor den Paparazzi ihrer Zeit. Dieses ‚letzte Bild' mußte dann auch für das Sterbefoto der 61jährigen Kaiserin angemessen retuschiert werden."

DOPPELGÄNGERIN

H. F. M.: „Die rastlose Kaiserin hatte natürlich keine Geduld, um arrivierten Hofmalern längere Zeit Modell zu sitzen. Deshalb scheiterte auch ein Auftrag der Kaiserin an den Lieblingsmaler ihres Gatten, Heinrich von Angeli. Dafür gab sie aber ein Portrait der Rivalin Katharina Schratt in Auftrag. Das Schwierige war, daß Frau Schratt nicht wissen durfte, daß es sich um ihr eigenes Bild auf Wunsch der Kaiserin handle. So mußte sich der Künstler eine kleine Komödie ausdenken, um die Schauspielerin ins Atelier zu locken.
Die Notlüge lautete so: die kürzlich verstorbene Frau eines englischen Adeligen habe eine frappante Ähnlichkeit mit Frau Schratt. Deshalb möge ihm Frau Schratt freundlicherweise für ein Portrait der Hingeschiedenen Modell stehen.
Als das Bild zur Besichtigung fertig war, schrieb Franz Joseph wie ein ‚Simandl' an den Künstler: ‚Mit Erlaubnis der Kaiserin möchte ich morgen um ein Uhr in Ihr Atelier kommen, um das Bild der Frau Schratt zu sehen.' Dem Kaiser gefiel das Bild sehr. ‚Schade, daß das Original nicht anwesend ist', bemerkte er bedauernd, ‚sonst könnte man die beiden vergleichen.'
Der schlaue Maler war auf einen derartigen Wunsch gefaßt und hatte Frau Schratt ebenfalls eingeladen. Zuletzt kam noch die Auftraggeberin, und da erst erfuhr die Schratt, daß das Portrait gar keine Doppelgängerin, sondern sie selbst darstellte."

OHRFEIGEN

H. F. M.: „Als die Majestäten sich wieder entfernt hatten, klopfte es heftig an der Tür. Der Hofmaler öffnete, vor ihm stand ein Journalist mit neugierigem Grinsen und sagte: ‚Sehr

interessant! Der Kaiser, die Kaiserin und Frau von Schratt bei Ihnen im Atelier!‘ Hierauf fragte Angeli, wieviel er für so einen Artikel bekomme. Er sei nur ein armer Journalist, erwiderte der Besucher, und werde nicht mehr als zehn Gulden dafür erhalten.
Heinrich von Angeli griff in seine Brieftasche, zückte fünfundzwanzig Gulden und drückte sie dem Mann in die Hand. ‚Wenn nur eine Zeile über diese Begegnung in der Öffentlichkeit erscheint‘, sagte der Maler, ‚ werden Sie ebenso viele Ohrfeigen von mir erhalten wie jetzt Gulden.‘“
G. V.: „Wenn's so war, ist das sicher kein Renommee für unseren Berufsstand. Aber die Zeiten waren halt anders.“

GEDICHTE

G. V.: „So großzügig diese Schilderungen aus dem Buch ‚Nicht so ernst, Majestät‘ von Elisabeth Newzella klingen, so sprechen die Gedichte der Kaiserin doch eine ganz andere Sprache. Da nannte sie die Katharina Schratt eine Kuh und ihren Gemahl einen Ochsen. Kostprobe gefällig?
‚Da wecke sie (Elisabeth) lautes Rasseln, im Tal ihrer Ruh;
Der König Wiswamitra (Franz Joseph)
Kehrt heim von seiner Kuh (Katharina Schratt)
O König Wiswamitra,
O welch Ochs bist du!‘“

TATKRAFT

H. F. M.: „Der Ausgangspunkt vieler Probleme der jungen Kaiserin, so liest und hört man immer wieder, war die überaus strenge Schwiegermutter: Erzherzogin Sophie. Die Tatkraft der Kaiserinmutter wurde aber auch weit über die Grenzen der Monarchie hinaus registriert und veranlaßte den ‚Eisernen Kanzler‘ Fürst Bismarck einmal zur Bemerkung: ‚Der einzige Mann in Wien ist die Erzherzogin Sophie.‘“

HOCHZEITSNACHT

G. V.: „Doch auch damals gab es eigentlich nichts Privates, die hohe Politik rückte auch Sisi sprichwörtlich auf den Leib."
H. F. M.: „Als sie Kaiserin wurde, war es zwar nicht mehr üblich, daß in der Hochzeitsnacht hohe geistliche und weltliche Würdenträger als Zeugen dem Vollzug der Ehe beizuwohnen hatten, aber am Morgen danach bestand die kaiserliche Schwiegermutter Sophie auf dem gemeinsamen Frühstück mit der Verwandtschaft und der unvermeidlichen Frage: Habt ihr?"
G. V.: „Sie hatten nicht. Und daß das Entscheidende erst in der dritten Nacht passierte, erfuhr ganz Wien."
H. F. M.: „Obwohl es damals noch kein Fernsehen und keine ‚Seitenblicke' gegeben hat. Dafür sorgten schon die Lakaien und Kammerzofen."

ENTHALTSAM

G. V.: „Aber auch ohne Hofdamen, Kammerzofen und Lakaien wissen wir, daß die junge Kaiserin wenig Freude an der körperlichen Liebe mit ihrem ‚Franzl' und daran fand, nur Gebärmaschine und ständig schwanger zu sein. In einem ihrer Gedichte hört sich das so an:
‚Für mich keine Liebe/ Für mich keinen Wein/ Die eine macht übel/ Der andere macht spein.'"
H. F. M.: „Und über die Cousine Maria Immakulata, die es auf stattliche zehn Kinder brachte, höhnt sie:
‚... hat Freud nur am Gebären/ Möcht' am liebsten fort und fort/ Stets die Welt vermehren.'"

NEUES BLUT

H. F. M.: „Bei der engen Versipptheit der europäischen Herrschergeschlechter war die Frage neuer Blutzufuhr neben der erwünschten Mitgift an Besitztum ein weiteres Element der Heiratspolitik."

G.V: : „Ob da wohl die Wittelsbacher mit der Einheirat der blutjungen Bayernprinzessin ins Haus Habsburg glücklich waren?"
H. F. M.: „Die berühmt-berüchtigte Nichte der Kaiserin, die Gräfin Larisch, zog einmal einen überaus bissigen Vergleich: ‚Die Mitglieder des Hauses Wittelsbach sind, alles in allem genommen, sicherlich interessanter und geistvoller als die Habsburger. Wohl arten auch die Sonderlichkeiten der Bayern bisweilen in Wahnsinn aus, doch ist der Unterschied zwischen beiden Familien, daß bei den Habsburgern der Irrsinn sich meistens in Unmoral, Selbsterniedrigung und gemeinen Ehen äußert, während er den Wittelsbacher in einen moralischen Dulder verwandelt, der in Welten hoch über den Banalitäten schwebt . . .'"

ROMY

G. V.: „Der Sisi-Kult ist untrennbar mit den Filmen der fünfziger Jahre verbunden, den Sissi-Filmen mit Romy Schneider und Karlheinz Böhm. Wie wenig die Menschen Fiktion und Realität trennen können, beweist folgende Begebenheit. Gabriele Praschl hat in ihrer Studienzeit Führungen durch die Hofburg gemacht. Da hing damals das bekannte Winterhalter-Bild ‚Elisabeth mit den Sternen im Haar', und französische Besucher kamen herein und riefen: ‚Voilà Romy Schneider.'"

DIE LETZTE KAISERIN
oder
Zita die Unbeugsame

Zita von Bourbon Parma war ziemlich genau das Gegenstück zu ihrer Vorgängerin Elisabeth. Stets an der Seite ihres Mannes, des letzten Kaisers, schien sie instinktiv das heraufziehen-

de Ende der Habsburgerdynastie zu spüren. Wesentlich politischer erzogen als die junge Bayernprinzessin Sisi, versuchte sie sich sogar in höchster Diplomatie, um den Ersten Weltkrieg zu beenden. Mit der verunglückten Affäre um ihren Bruder Sixtus wird sie für immer in den Geschichtsbüchern zu finden sein.
Ihr Einfluß auf Kaiser Karl war entscheidend, nicht etwa in dem Sinn, daß sie ihm seine Politik vorschrieb, aber seine oft schwankende Willenskraft festigte sich durch ihre starke Persönlichkeit.
Während uns Sisi wahrscheinlich als ewige Jugend in Erinnerung bleiben wird, behalten wir von Zita das Bild der stets Schwarz tragenden Witwe, die 67 Jahre um ihren allzufrüh verstorbenen Mann Karl trauerte und, da sie sich weigerte, die von der jungen Republik verlangte Verzichtserklärung zu unterschreiben, 63 Jahre im Exil verbringen mußte.

ÖSTERREICHISCHE LÖSUNG

G. V.: „Im Frühjahr 1982 bitten sowohl der spanische König Juan Carlos als auch Elisabeth von Liechtenstein, eine Tochter der Ex-Kaiserin, Bundeskanzler Kreisky, das Habsburger-Verdikt für die alte Dame aufzuheben, damit sie nicht erst im Sarg in die alte Heimat zurückkehrt.
Eines Tages rief Bruno Kreisky bei der ‚Kronen-Zeitung' an, ließ sich den Innenpolitiker Dieter Kindermann geben, der vermittelnd mitgeholfen hatte, und präsentierte dem Staunenden folgende Lösung: ‚Also, Herr Redakteur. I hab' die Lösung. Wir geben ihr a Durchreisevisum. Und kaner wird nachschauen, ob s' a do bleibt.'"

HUMOR

H. F. M.: „Dieter Kindermann hat Zita übrigens bei einem Besuch in ihrem Schweizer Exil knapp vor dem Ende der Ära Kreisky im März 1983 mit einem damals gängigen Witz zum Lachen gebracht.

Kindermann wörtlich: ,Ich weiß nicht, welcher Teufel mich geritten hat, ihr den Witz zu erzählen: Kreisky geht in Pension, heiratet Zita und wird Kaiser von Österreich.' Die frühere Monarchin lachte jedenfalls hell auf und meinte: ,Ja, die Wiener haben schon immer einen eigenen Humor gehabt.'"

KAISERKANZLER

G. V.: „Zita tröstete den Kanzler via ,Kronen-Zeitung': ,Sie hätte sich Kreisky durchaus als Ministerpräsidenten, als ,Kaiserkanzler', des Vielvölkerstaates vorstellen können. Aber nicht als junger Anhänger der marxistischen Ideen Otto Bauers, sondern als Älterer, den pragmatischen Ideen Karl Renners anhängend', schränkte sie ein."
H. F. M.: „Und wie war Kreiskys Reaktion?"
G. V.: „Ein langgezogenes ,Aha', um dann den ,Kaiserkanzler' mit der Bemerkung herunterzuspielen: ,Sie wollt' sich halt dankbar zeigen, daß wir sie einreisen hab'n lassen.'"

PRIVATMANN

G. V.: „Der damalige Kanzler Vranitzky war unschlüssig, ob er am Begräbnis von Zita als Privatmann teilnehmen sollte. Er ließ den Enkel der Kaiserin, den heutigen EU-Abgeordneten Karl Habsburg, kommen, um ihn zum Verzicht auf gewissen Pomp, wie etwa den sechsspännigen kaiserlichen Leichenwagen, zu bewegen. ,Der selbstbewußte junge Mann war aber nicht bereit, Abstriche vorzunehmen', erzählte Vranitzky Journalisten nachher verärgert: ,Ich nehme nicht teil.'"

FIRST LADIES
oder
Die Frauen der Republik

Lange standen sie im Schatten ihrer kaiserlichen Vorgängerinnen. Die Erste Republik war noch weit frauenfeindlicher als die Monarchie. Sie verzichtete im harten Überlebenskampf nach 1918 überhaupt auf das weibliche Element. Und die wenigen Frauen, die damals auf sich aufmerksam machten, waren den Männern mehr als suspekt. Entweder waren sie für den Frieden – wie Bertha von Suttner – oder für den Feminismus wie Rosa Mayreder. Beides mußten ‚recht(s)schaffene' Männer ablehnen.
In der Ersten Republik fielen die ersten Damen im Staat gelegentlich durch extravagante Hüte auf – aber das war's dann schon. In der Zweiten Republik waren die ersten Männer Witwer oder Junggesellen, wie Schärf und Körner, oder den Frauen war dieses Parkett zu fremd, wie Grete Jonas. Erst mit der nächsten Sisi am Thron, Elisabeth Waldheim, stand wieder das weibliche Element mit an vorderster Front, wie folgende Anekdote gleich beweist.

NICHT NÖTIG

G. V.: „Die sogenannte ‚Campaign' um die Kriegsvergangenheit Kurt Waldheims hat natürlich dem ersten Paar im Staat zugesetzt, es aber auch noch stärker zusammengeschweißt. Als der erste große Rummel vorbei war, fragte ich einmal Peter Marboe, damals Berater Waldheims und jetzt Wiener Kulturstadtrat, ob nicht gerade er, der so viele Jahre in New York gelebt hatte, den Präsidenten besser auf die publizistischen Angriffe aus Amerika hätte vorbereiten müssen.

‚Natürlich haben wir ihm eine speziell auf die US-Medien ausgerichtete Erklärung verfaßt', wehrte Marboe ab, aber am nächsten Morgen kam er von zu Hause mit dem Satz: ‚*Wir* haben gefunden, daß ich das nicht nötig habe.'"
H. F. M.: „Das war elegant umschrieben."

WAHLERFOLG

G. V.: „Dabei hat Bruno Kreisky den Wahlsieg der Waldheims prophezeit: ‚Waldheim kennt die Welt, die Welt kennt ihn. Und wenn einer eine Frau hat, die Sissi heißt, kann er nur g'winnen.'"

SELIGSPRECHUNG

H. F. M.: „In diesem Kapitel werden wir um den Ehekrieg des ersten Paares im Staate, den Klestils, nicht ganz herumkommen."
G. V.: „Schon weil es ein Novum in der Geschichte der Hofburg war."
H. F. M.: „Parallel zum Wettstreit um die Hofburg 1998 in Wien begann ja in Deutschland der Kampf um die Nachfolge Helmut Kohls. Und da lieferte der ‚Rosenkrieg' des Ex-Ehepaares Schröder deftige Schlagzeilen in der deutschen Presse."
G. V.: „Was einen Mitarbeiter Klestils zu folgendem Vergleich anstiftete: ‚Wenn die Edith auf einen Rosenkrieg verzichtet, reichen wir sie sofort zur Seligsprechung ein.'"

CAUSA PRIMA

G. V.: „Während der einstige Generalsekretär der ÖVP, Michael Graff, Klestils Vorgänger Waldheim noch massiv gegen die Angriffe wegen seiner Kriegsvergangenheit verteidigt hatte . . ."
H. F. M.: „. . . er mußte ja wegen einer drastischen Formulierung sogar den Hut nehmen . . ."

G. V.: „. . . schlug er sich samt Ehefrau Maria, Frauenvorsitzende der ÖVP-Wien Innere Stadt, vehement auf die Seite der gehörnten Ehefrau Edith. Nicht im ORF, dafür aber im deutschen Privatsender SAT 1, erklärte die Graff unmißverständlich: ‚Manche Herren in einem bestimmten Alter kommen in eine gewisse Krise . . . Er war glücklich, daß er eine Jüngere gefunden hat, die ihn anhimmelt, da stellt man halt die Ältere in die Ecke.‘“

VERPFLICHTUNG

G. V.: „Zur Jahreswende 1996 legte Edith Klestil dem Gesellschaftsblatt ‚Rouge & Noir‘ ihre Ansichten zum Thema Bälle dar, ein Feld, auf dem sie ja bald allein Furore machen sollte; man denke nur an ihren demonstrativen Einzug auf dem Philharmonikerball nach der Trennung von Ehemann Thomas: ‚Auf einem Ball hat man die Gelegenheit, eine schöne Nacht in einem Rahmen zu erleben, der zu nichts verpflichtet.‘“

BEFRUCHTUNG

H. F. M.: „Da stand ihr aber Wolfgang Schüssel kaum nach, als er 1995 den ORF-Seitenblicken erklärte: ‚Eine wirklich gute Salondame achtet darauf, daß sie sehr verschiedene Personen einlädt, damit wirklich eine Befruchtung stattfindet.‘ Oder wie hast du das verstanden?“
G. V.: „So wie es gemeint war!“

ORDNUNG

H. F. M.: „In der Amtszeit Klestil I. müssen wir also mangels einer First Lady in der Hofburg auf weibliche Gäste zurückgreifen. So überraschte der Single Klestil die spanische Königin Sophie bei ihrem Besuch in der Wiener Hofburg mit einem tipptopp aufgeräumten Büro. Die Königin schnippisch zu ihrem königlichen Gemahl Juan Carlos: ‚Nimm dir da ein

Beispiel! So sieht ein ordentlich aufgeräumtes Büro aus.‘ Um nicht seinen Gast im sprichwörtlichen Regen stehenzulassen, öffnete Klestil vor Königin Sophie eine Geheimtür, hinter der sich das Geheimnis verbarg: ‚Königliche Hoheit, ganz unter vier Augen, meine Sekretärinnen haben meine Unordnung in den begehbaren Kleiderschrank verbannt.‘
Trockener Kommentar des Königs: ‚Siehst du, es ist überall dasselbe.‘“

TAPETEN

G. V.: „1998 kandidierten um das erste Amt im Staat erstmals zwei Frauen: die kinderlose Heide Schmidt und die mehrfache Mutter Gertraud Knoll. Was lag für die Werbemanager der evangelischen Superintendentin näher, als Anleihen bei der bisher prominentesten Bewohnerin der Hofburg, Kaiserin Maria Theresia zu nehmen, die immerhin sechzehn Kinder in die Welt gesetzt hatte. Da war von Kinderlachen in der Hofburg die Rede und von einem neuen menschlichen Klima. Ein hoher Berater des Bundespräsidenten erinnerte sich aus diesem Anlaß, daß man erst vor einigen Jahren bei Renovierungsarbeiten hinter einer Tapete auf einen Brief gestoßen sei, den Maria Theresia an ihre Tochter Maria Antoinette gerichtet hatte und der voll von sogenannten ‚guten Ratschlägen‘ war.
Hatte ihn die Tochter überhaupt gelesen, bevor sie ihn hinter der Tapete verschwinden ließ?“
H. F. M.: „Auf jeden Fall ist die Hofburg noch keine Garantie, daß sich Töchter gegenüber Müttern anders verhalten als im gewöhnlichen Volk.“

HILLARY V.

G. V.: „Inzwischen sind die Frauen in der Politik längst aus dem Schatten der Männer getreten – zumindest im Ausland. Kanzler Vranitzky sollte Bill Clinton treffen, und auch ein Meeting der Ehefrauen war vorgesehen. Der ‚Kurier‘ plante

dementsprechend eine Story: ‚Christine trifft Hillary'. Man hatte sich eigens dazu Material, vor allem Fotos, aus den Staaten kommen lassen. Am Tag der Fertigstellung läutet in der Redaktion das Telefon: ‚Wie is des mit der G'schicht?' Die Frau des Kanzlers war am Apparat: ‚Die Bilder hab' ich schon ausgesucht ...' Da half kein Einwand des Redakteurs, daß dies wohl Sache der Redaktion sei. ‚Ich komme ...' waren die letzten Worte.
Wenig später die verzweifelte Stimme des Portiers: ‚Da verstellt ma a Fiat Panda die Einfahrt ...' Gleichzeitig flog die Türe auf: ‚Hillary' Vranitzky mit den Fotos in der Hand. Den letzten Einwand des Redakteurs , daß ja das Layout fehle, wischte sie vom Tisch: ‚Das mach' auch ich!'"

POSTEN

H. F. M.: „Ganz anders sieht's aus, wenn eine Bürgerliche politische Karriere macht und der danach geehelichte adelige Ehemann zum Prinzgemahl wird.
Bei der TV-Sendung ‚Zur Sache' sah sich Graf Alfons Mensdorff-Pouilly eher skeptisch das Streitgespräch an, das seine Frau Maria führte, Schüssels ÖVP-Generalsekretärin, die weiterhin Rauch-Kallat heißen wollte.

Der Graf: ‚Wenn die Mitzi nach der Wahl arbeitslos wird, dann hab' ich an Posten für sie.'
‚Welchen Posten?' wollte neugierig ein Redakteur wissen. Die Antwort des Grafen bestätigte das lauernde Mißtrauen: ‚Bei mir daheim, putzen, waschen, kochen.'"

DER RAT

G. V.: „Eine andere ‚First Lady' war die Burgenländerin Ottilie Matysek, weil sie eine der ersten Frauen in der Politik war, die Karriere machten.
Die überaus attraktive Lehrerin legte sich aber in der Waldheim-Affäre mit den mächtigen Männern ihrer Partei, Theodor Kery und Fred Sinowatz, an. Am Anfang ihrer politischen Laufbahn gab ihr ein Bauer aus dem Seewinkel folgenden Rat: ‚Frau Direktor! Gehn S' in den Landtag, weil dann san S' steril!'"
H. F. M.: „Ein ordentlicher Schock für eine Frau. Er hatte natürlich ‚immun' gemeint."

VERGLEICH

G. V.: „Frauen haben es auch nicht besonders gern, wenn sie mit anderen Frauen verglichen werden. Als Ottilie Matysek einmal im Parlament auf der Besuchergalerie saß, winkten ihr besonders die ÖVP-Abgeordneten zu. Während die M. vorerst noch dachte, das sei vielleicht Sympathie für ihren Kampf gegen die Habererpartie der burgenländischen SPÖ, klärte sie ein anderer prominenter Burgenländer, der ÖVP-Wirtschaftsminister Robert Graf, über den möglichen Hintergrund auf: ‚Die haben dich mit der Edith Mock verwechselt!' Als Matysek gegen diesen Vergleich protestieren wollte, meinte Graf, um Verständnis werbend: ‚Des muaßt verstehen; die san scho froh, daß überhaupt a Fesche ham.'"

SCHÖN

G. V.: „Ähnlich auch der Tenor in der SPÖ. Als der Riß zwischen Matysek und Sinowatz um dessen Äußerungen über die braune Vergangenheit von Kurt Waldheim nicht mehr zu kitten war und sowohl Staatssekretärin Johanna Dohnal wie auch Frauenchefin Jolanda Offenbeck mit ihren Vermittlungsversuchen gescheitert waren, meinte Offenbeck entwaffnend ehrlich: ‚Heast, bist so a schen's Mensch, was brauchst du die Politik?'"

ENTSCHEIDUNG

H. F. M.: „Eine First Lady der anderen Art war Lotte Tobisch-Labotyn, mit der wir die Ehre hatten, zahlreiche Fernseh-Übertragungen des Opernballs zu gestalten.
Sie war von frühester Jugend an Schauspielerin am Burgtheater und viele Jahre dortselbst Betriebsrätin, was ihr einerseits den Beinamen ‚Die rote Baronesse' einbrachte, sie andererseits eine sehr offene, direkte Sprache führen ließ.
Am Ende ihrer langen, erfolgreichen Tätigkeit war sie nicht nur die First Lady des Opernballs, sondern eher die letzte Lady dieses Festes."
G. V.: „Es war bei irgendeinem Society-Event, dem Lotte Tobisch (‚Ich bin eine der größten Absagerinnen') ausnahmsweise die Ehre gab. Man stand in einer Damenrunde beieinander und plauderte über dargereichte Kanapees, deren Kalorienreichtum und dringliche Diätprobleme. Leider, seufzte eine drahtige Dame mit hageren Gesichtszügen, nehme man immer an der falschen Stelle ab. Da riet ihr Lotte Tobisch: ‚Ab einem gewissen Alter muß man sich entscheiden: entweder Arsch oder Gesicht.'"

BAROCK

H. F. M.: „Ein andermal schockte sie mit ihrer Ehrlichkeit die TV-Leute. Für die köstlich-komische Prominenten-Playback-Show ‚Star Light' wollte man sie gewinnen, als Marlene Dietrich mit ‚Ich bin von Kopf bis Fuß auf Liebe eingestellt' aufzutreten. Die Tobisch schnippisch: ‚Also nein, Kinder, ich mach' mich doch nicht öffentlich lächerlich. Das Lied – in meinem Alter? Ich weiß, die Dietrich hat das noch gesungen, da war sie schon einige Hundert – aber ich, mit meiner etwas barocken Erscheinung. Was ist mit Zarah Leander?'"

VATERSCHAFT

G. V.: „Über Heide Schmidts Privatleben ist bekanntlich viel spekuliert worden. Da war oft von einer Liaison mit Nationalratspräsident Heinz Fischer die Rede; vor allem die einstigen Parteifreunde aus der FPÖ trieben damit gerne Spott. So auch der Kurzzeit-Abgeordnete und Lucona-Aufdecker Hans Pretterebner bei der Debatte über die Novellierung des Namensgesetzes, also der Wahlfreiheit des Namens für den Ehepartner. Den Vorsitz führte gerade Präsident Fischer. Pretterebner total ernst: ‚Nehmen wir folgendes Beispiel: Ein Fräulein Schmidt lernt einen Herrn Fischer kennen, sie heiraten, nennen sich Schmidt-Fischer oder vielleicht Fischer-Schmidt. Welchen Namen trägt dann das Kind?'"
H. F. M.: „Das stenografische Protokoll vermerkt: Gefeixe bei der FPÖ.'"

FRÜHSTÜCK

G. V.: „Bei ‚Mausi' Lugner müssen wir uns mit Spekulationen behelfen, wie sie sich in der Hofburg verhalten hätte. So hat unser Kollege Gerhard Steininger im Wahlkampf einen präsidialen Staatskrisen-Simulator empfohlen.
Beispiele gefragt? Stellen Sie sich vor, Sie empfangen einen Staatsgast, und hinter einer geschlossenen Tapetentür ertönt eine weibliche Stimme: ‚Schatzi, bringst mir noch ein Semmerl zum Frühstück?' Lassen Sie den Staatsgast dann mitfrühstücken, oder vertrösten Sie ihn auf das offizielle Diner?"

DIE KRONPRINZEN
Von Rudolf bis Hannes

Kronprinz ist mitnichten nur eine Apfelsorte; wie dies gerne Bruno Kreisky gesehen hätte. In monarchischen Häusern drehten sich die zwischenmenschlichen Beziehungen fast ausschließlich um die Produktion eines Erben, sprich Kronprinzen. Dem hatten sich Gefühle und Neigungen unterzuordnen, der Blickwinkel bei der Brautsuche war auf das weibliche Becken ausgerichtet. Daß – ganz nebenbei – auch an eine Vergrößerung des Einflußbereiches gedacht wurde, zeigt der Leitsatz: „Du, glückliches Österreich, heirate."
Franz Joseph verlor gleich zwei Auserkorene: zuerst den leiblichen Sohn durch mysteriösen Selbstmord, dann den ungeliebten Ersatz Franz Ferdinand durch „Serbenhand".
Thronfolgermord bedeutete damals noch Krieg.
Die Republik kannte die Erbfolge nicht mehr als Prinzip; die politischen Umbrüche bestimmten die personelle Auswahl der Nachfolger. In einem Fall wäre die direkte Nachfolge ohnedies unmöglich gewesen, beim „Prälaten ohne Milde", Bundeskanzler Ignaz Seipel. Ab 1945 konnten die Parteien zwar sogenannte Erbhöfe aufbauen, aber nur der Krainer-Dynastie gelang es, mit einem Zwischenspiel namens Niederl, Styria 23 Jahre lang zu regieren.
Sonst versagten fast alle großen Männer dieser Republik bei der Aufzucht des Nachwuchses: Julius Raab konnte die Stafette nicht fortsetzen, Josef Klaus produzierte zwar Sekretäre am Fließband, aber dem Mustersohn Alois Mock blieb der Sprung aufs Stockerl versagt, und Bruno Kreisky verschliß gleich mehrere Kronprinzen, den Hannes wie den Poldl; und den Charly noch dazu. Allerdings leben sie alle noch – also doch ein Fortschritt in der Geschichte.

EWIGES RÄTSEL 1

G. V.: „Das meiste Papier ist wohl um den rätselhaften Tod von Kronprinz Rudolf verschrieben worden. Und der bemerkenswerteste Satz dabei ist ein Kommentar von Kaiser Franz Joseph über seinen ungeliebten Sohn: ‚Er starb wie ein Schneider.' Das ist doch ein waidmännischer Ausdruck, den du uns als Jäger erklären kannst."
H. F. M.: „Keine der vielen Erklärungen paßt da wirklich – ein ‚Schneider' ist in der Jägersprache ein junger, schwacher Hirsch, der in der Brunft nicht zum Zug kommt. Vielleicht hat der Kaiser eher die Armseligkeit des Sterbens des Erben einer Großmacht und seiner Geliebten damit gemeint? Wer weiß?"

EWIGES RÄTSEL 2

H. F. M.: „Kaiserin Zita hat wenige Jahre vor ihrem Tod ihr Schweigen über eines jener Geheimnisse der Monarchie gebrochen, das bis heute die Phantasie der Menschen entzündet: das Drama von Mayerling. Ihrem Leibautor Professor Erich Feigl erklärte sie mit frappierender Bestimmtheit:
‚Kronprinz Rudolf hat nicht Selbstmord verübt, sondern ist das Opfer eines politischen Mordkomplotts geworden.'
So soll der Kaiser auf die Frage, warum er auf seinem Sohn die Schmach eines Selbstmordes habe sitzen lassen, gesagt haben: ‚Ich konnte nicht anders. Es ging um die Existenz der Monarchie.'"

KOMPLOTT

G. V.: „Als die ‚Krone' mit der Schlagzeile Furore machte: ‚Zita: Mayerling war Mord', kam das einem Mann sehr ungelegen, denn er kämpfte gerade selbst seinen letzten großen Kampf: Bruno Kreisky versuchte im Nationalratswahlkampf 1983 nochmals die absolute Mehrheit für seine SPÖ zu retten. Und nichts konnte er weniger gebrauchen als ein Wie-

deraufleben des Habsburger-Mythos. So fragte er Redakteur Dieter Kindermann unwirsch: ‚Na, was sagt denn die Zita? Wer war'n die Mörder? Hat der Wilhelm II. ein preußisches Mordkommando rübergeschickt oder . . .?'"
H. F. M.: „Auf jeden Fall wollte er Zitas Theorie nicht glauben, daß der französische Ministerpräsident Georges Clemenceau, der spätere ‚Tiger', den Arzt und Großoffizier der Ehrenlegion Cornelius Herz dazu gedungen hatte. Auch die Historiker, vor allem Brigitte Hamann, die Habsburger-Spezialistin, lehnten Zitas ‚Enthüllungen' entschieden ab."
G. V.: „Nur die ‚Krone' eilte wochenlang von Verkaufserfolg zu Verkaufserfolg; Kreisky verlor die Wahl, trat zurück und war somit das letzte ‚Opfer von Mayerling'."
H. F. M.: „Auch das ist eine sehr gewagte Deutung."

ABGÄNGIG

G. V.: „In diesem Kuriositätenkabinett darf folgende wahre Begebenheit nicht fehlen, da sie so typisch österreichisch ist. Georg Markus, Histörchensammler wie wir, aber mit einer besonderen Spürnase ausgestattet, hat sie erzählt. Der Linzer Möbelhändler Flatzelsteiner sorgte im Dezember 1992 wochenlang für Schlagzeilen, weil er das Grab der Mary Vetsera in Mayerling aufgebrochen und das Skelett der Geliebten von Kronprinz Rudolf gestohlen hatte, die dort seit 1889 begraben lag.
Kollege Markus, ein überaus korrekter Mensch, fuhr, als er von der abstrusen Tat erfahren hatte, ins Wiener Sicherheitsbüro, um Anzeige wegen des Verdachts der Störung der Totenruhe zu erstatten. Ein junger Kriminalbeamter hörte sich die – zugegeben etwas verrückt klingende – Story an, suchte die aktuelle Fahndungsliste, um dann stolz zu erklären: ‚Herr Markus, das ist ja alles schön und gut, was Sie uns da erzählen. Aber eine Person namens Mary Vetsera ist bei uns nicht abgängig gemeldet.'"
H. F. M.: „Er hätte ja wenigstens die ‚Kronen-Zeitung' lesen können, dann hätte sich seine Bildungslücke geschlossen.'"

RÄTSELHAFT

G. V.: „Es sind ja immer wieder Vergleiche mit seiner Mutter Sisi angestellt worden, da er so gar nicht nach dem Vater Franz Joseph geriet."
H. F. M.: „Einer der treffendsten stammt von Luise Coburg, der späteren Schwägerin Rudolfs:
‚Er war mehr als schön; er war verführerisch. Deutlich zeigte sich seine Reinrassigkeit, und man dachte unwillkürlich an ein Vollblutpferd; denn von ihm hatte er auch das Wesentliche ... Das Lachen Rudolfs machte vielleicht noch mehr Eindruck; es war das Lachen eines rätselhaften Menschen, ähnlich dem der Kaiserin ...'"

TRAMPELTIER

H. F. M.: „Übrigens, als Rudolf 1880 auf Brautschau ging und überraschend um die Hand der blutjungen Prinzessin Stephanie in Brüssel anhielt, da erschien ganz unerwartet Kaiserin Elisabeth in Brüssel. Nicht, um vielleicht die künftige Schwiegertochter herzlich in die Arme zu schließen und sie in der Familie willkommen zu heißen, nein, ihr ganzes Bestreben ging dahin, die unscheinbare, kindliche Braut durch ihre eigene gereifte Schönheit in den Schatten zu stellen. Was ihr auch mehr als gelang.
Wie eine Märchenfee entstieg sie dem Zug, das hautenge Samtkostüm unterstrich ihre blendende Figur, und alle übersahen den pummeligen Backfisch, der der zukünftigen Schwiegermutter als Braut vorgestellt werden sollte.
Die Kaiserin hat nur einen kurzen Blick auf Rudolfs Braut geworfen und ihr Urteil gefällt: ein ‚Trampeltier'."

FAMILIENMAHL

H. F. M.: „Die Kaiserin schrieb geradezu höhnische Verse in ihrem Gedicht ‚Familienmahl' über ihren Sohn und dessen Frau, deren notorische Unpünktlichkeit, aber auch über die geistige Überlegenheit ihres Sohnes gegenüber Franz Joseph, der in ihren Gedichten gewöhnlich als Oberon in Erscheinung tritt:

Doch nun scheint der Saal besetzt
Schon mit allen Gästen;
Nein! es kommen stets zuletzt
Immer noch die Besten.

Dieses Paar, das jetzt erscheint,
Würdig zu beschreiben,
Sterblichen ist es verneint,
Worte aufzutreiben.

Strahlt die Elektricität,
Muss das Gas erbleichen,
Selbst des Ob'rons Majestät,
Hier muss sie jetzt weichen.

FAMILIENZWIST

G. V.: „Über die Schwierigkeiten in der Kronprinzenehe war bald ganz Wien unterrichtet – nur das Kaiserpaar nicht. Gräfin Festetics dazu: ‚In diesen Kreisen erfährt man von den wichtigen Dingen immer selbst erst zuletzt etwas. Das ist das Traurige im Leben hochgestellter Personen.'"

RATSCHLAG

G. V.: „Im Abschiedsbrief Rudolfs an seine Schwester Valerie schrieb der Kronprinz: ‚Wenn Papa einmal die Augen schließt, wird es in Österreich sehr ungemütlich. Ich kenne, was dann folgt, nur zu genau und gebe Euch den Rat, dann auszuwandern.'"
H. F. M.: „Was ja auch, nicht ganz freiwillig allerdings, passiert ist."

OTTO OHNE THRON

Es ist schon eine seltsame Fügung der Geschichte, daß es just dem politischsten Habsburger seit Josef II., dem ältesten Sohn Kaiser Karls, versagt geblieben ist, sein Land zu regieren. Da Dr. Otto Habsburg aber ein Homo politicus ist, konnte selbst die verkorkste heimische Habsburgerpolitik nicht verhindern, daß er auf der politischen Bühne Europas eine Rolle spielt. Genauso wie Karl Schwarzenberg zwar „Kanzler" bei Václav Havel in Prag, nicht aber Gemeinde- oder gar Bundesrat in Österreich werden konnte, kam der Ruf für den Kaiser-Sohn von der bayrischen CSU und nicht von der Österreichischen Volkspartei.
Dabei zeigt der Europa-Abgeordnete Otto Habsburg noch im hohen Alter mehr Begeisterungsfähigkeit als viele Nachwuchspolitiker, wovon sich das Fernsehpublikum zuletzt bei seinem 85. Geburtstag in der TV-Pressestunde überzeugen konnte.
Er will wohl den alten Adenauer überholen, wenn er 1998 nochmals für eine Periode im Europa-Parlament antritt, wo er schon seit Jahren den Altersvorsitz ausübt.

DIALEKTIK

G. V.: „1972 traf Bruno Kreisky anläßlich des Jubiläums 50 Jahre Paneuropa-Bewegung mit Otto Habsburg zusammen."
H. F. M.: „Wieso ging Kreisky hin?"
G. V.: „Kreisky war in den dreißiger Jahren Jugendfunktionär der Paneuropa und daher eingeladen."
H. F. M.: „Da gab's doch auf beiden Seiten ein großes Murren?"
G. V.: „In der Tat. Bruno Kreisky lieferte hernach vor dem SPÖ-Parteivorstand ein Gustostückerl seiner Dialektik. ‚Genossinnen und Genossen', hob er an. ‚Ihr werdet euch sicher gefragt haben, warum ich das zugelassen habe.' Und nach einem langen, prüfenden Blick: ‚Indem, daß mir der Herr seine Hand gegeben und sich vor mir verbeugt hat, ist er bei seinen Leuten unten durch!'
Lacy Milkovics, Ottos langjähriger treuer Paladin, bestätigte mir, daß dieser Händedruck beim harten Kern der Kaisertreuen als ‚Verrat' angesehen wurde."

GEWINN

G. V.: „Die Wirkung der Kreisky-Aktion wurde ja höchst unterschiedlich bewertet. Einerseits bekam Kreisky Hunderte Protesttelegramme von aufgebrachten Sozialisten, andererseits war es doch ein Signal in Richtung Öffnung zum Bürgertum.
Zwei Adelige unterhalten sich über die politische Wirkung des Händedrucks: ‚Das bringt dem Kreisky sicher ein Mandat.' ‚Nur eines?' repliziert der andere."

NOBELPREIS

H. F. M.: „Nach diesem historischen Handschlag gab es einen Empfang am Ballhausplatz, zu dem Kreisky auch den Gründer der Paneuropa-Bewegung, Graf Richard Coudenhove-Kalergi, einlud, den er übrigens sehr verehrte. Zur selben Zeit erhielt ein sehr ungleiches Paar, der nordvietnamesische KP-Chef Le Duc Tho gemeinsam mit US-Außenminister Henry Kissinger den Friedensnobelpreis, was viel Diskussionsstoff lieferte und Kreisky zu Coudenhove sagen ließ: ‚Eigentlich müßten Sie für Ihre unermüdlichen Bemühungen den Friedensnobelpreis bekommen. Ich glaube aber, es ist ehrenvoller, den Nobelpreis verdient und nicht erhalten zu haben, als ihn erhalten, aber nicht verdient zu haben.'"

ALLIANZEN

G. V.: „Das wird gerade dich als Historiker nicht überraschen, wie lange Allianzen zwischen Völkern halten, auch wenn Throne stürzen und zwei Weltenbrände dazwischen liegen."
H. F. M.: „Erzähl!"
G. V.: „Die Schnurre stammt übrigens von Andreas Khol, damals Alois Mocks rechte Hand in der Außenpolitik. Der Vorsitzende der einstigen DDR-Volkskammer, der glasharte Altkommunist Sindermann, übrigens ein Sachse, war nach Straßburg ins Europa-Parlament gekommen und stellte sich dort im Sicherheitspolitischen Ausschuß, der unter dem Vorsitz von Dr. Habsburg stand, den Fragen der Parlamentarier. Als erster stellte der CDU-Europa-Abgeordnete Fürst Bismarck, ein Enkel des Eisernen Kanzlers, knallharte Fragen zum Thema Wiedervereinigung, Otto Habsburg nahm sich dann Sindermann zu den Menschenrechten vor.
Der DDR-Bonze, schon ziemlich schwerhörig, daher laut und für alle im Saal hörbar zu seinem politischen Sekretär: ‚Dem Preußen antworte ich nicht, aber dem Österreicher schon. Schließlich sind wir Sachsen ja 1866 gemeinsam mit ihnen gegen die Preußen im Felde gestanden!'"

HEILIGER STUHL

G. V.: „Es gab aber auch in Österreich Bemühungen, für Dr. Habsburg ein standesgemäßes und repräsentatives Amt zu finden. Manfred Mautner Markhof sen. und Georg Gaupp-Berghausen schlugen Kanzler Kreisky vor, den Kaiser-Sohn als österreichischen Botschafter zum Heiligen Stuhl nach Rom zu entsenden."

H. F. M.: „Und woran scheiterte die Idee?"

G. V.: „Bundespräsident Franz Jonas, ein Sozialist alter Denkart, legte sich quer. Interessant aber, wie Kreisky das Fehlschlagen kommentierte: ‚Es wär' ihm eh zu langweilig g'wesen!'"

ANREDE

H. F. M.: „Otto Habsburg ist ja in seiner Wahlheimat Deutschland weit populärer als daheim in Österreich. Als deutscher Politiker ist er natürlich oft Gast im Fernsehen. So war er auch bei Thomas Gottschalk in dessen ‚late night show' bei RTL. Der hatte natürlich auch das Problem der Anrede: ‚Wie soll ich Sie titulieren? Majestät? Kaiserliche Hoheit?'"

G. V.: „Wie hat der Kaiser-Sohn geantwortet?"

H. F. M.: „Zur totalen Verblüffung des Blondlockigen hat er gesagt: ‚Nennen Sie mich einfach Otto!'"

KAISERL

G. V.: „In Österreich war das natürlich weit komplizierter, um nicht zu sagen vertrackter, wie uns Lacy Milkovic erzählte. Viele Monarchisten sagten nämlich aus Scheu ‚Herr Dr. Habsburg', dafür aber viele Republikaner ‚Kaiserliche Hoheit'. Und den meisten blieb die Anrede zur Hälfte im Hals stecken. Das hörte sich dann, wenn die Damen und Herren der Gesellschaft zur Vorstellung in Reih und Glied vor dem Kaiser-Sohn angetreten waren, so an: ‚Kaiserl, Kaiserl, Kaiserl ...'"

WÄSCHEREI

G. V.: „Der bekannte Josefstadt-Liebling Egon von Jordan wird auf einer Gesellschaft mit einer Dame bekannt gemacht. Schon etwas schwerhörig, bekommt er erst im zweiten Anlauf den Namen Habsburg mit. Daraus entspinnt sich folgender Dialog: ‚Habsburg?' – ‚Ja!' – ‚Wäscherei?' – ‚Nein, Lothringen!' – ‚Oh, küß die Hand, Kaiserliche Hoheit!'"

KOMMUNIST

G. V.: „Ein noch köstlicheres Belegstück für das komplexe Verhältnis vieler Österreicher zur Monarchie.
Bei seinem unermüdlichen Werben für ein geeintes Europa, er hielt pro Jahr so an die 150 Vorträge, kam Dr. Habsburg auch ins Burgenland und sprach vor Bauarbeitern. Störende Begleitmusik war nur das Schnalzen der Bierkapseln beim Öffnen. Nachher gab's Autogramme, die aber sehr gefragt waren. Ein schrulliger Burgenländer überraschte dann doch den Kaiser-Sohn. Er nahm militärische Haltung an: ‚Melde gehorsamst, Majestät, bin leider Kommunist!'"

RESTAURATION

H. F. M.: „Der legendäre Betreuer Tausender in- und ausländischer Journalisten am Ballhausplatz, Hofrat Erik Engel, hatte früher eine köstliche Schnurre parat. Am Höhepunkt des politischen Kampfes um die Rückkehr von Otto Habsburg trat beim damaligen Bundespräsidenten Franz Jonas ein neuer Pressereferent seinen Dienst an.
Er kam aus dem Außenministerium und hieß schlicht Alexander Otto, was zu folgendem Effekt führte. Ein Journalist ruft in der Hofburg an. Sein Gegenüber meldet sich mit: ‚Hallo, hier Otto!'
Fassungslos stammelt der Anrufer: ‚Was, ist es schon wieder soweit?'"

FAUXPAS

G. V.: „Am ‚Hofe' Ottos in Pöcking am Starhemberger See ist's noch zugegangen wie weiland bei seinem Onkel Franz Joseph. Auch wenn das Domizil eher bescheiden war, das Hofzeremoniell feierte fröhliche Urständ. So mußten die Gäste, wenn Otto sein Besteck weggelegt hatte, ebenfalls mit dem Essen aufhören, ob sie nun satt waren oder gerade mit der Suppe begonnen hatten – so wie einst in Schönbrunn.
Unser Kollege Wolfgang Pav, in seiner Jugend bei der Paneuropa-Bewegung, war einmal der einzige, der sich nicht daran hielt. Als ihn der Privatsekretär Ottos, Graf Degenfeld, ansprach, ob er sich bewußt sei, einen Fauxpas begangen zu haben, meinte Pav stinkehrlich: ‚Was heißt Fauxpas? I' hab' an Hunger g'habt.'"
H. F. M.: „Die Schnurre hatte übrigens noch ein positives Nachspiel. Die Töchter des Kaiser-Sohnes feierten den aufmüpfigen Gast aus Wien, daß es endlich jemand dem Papa gezeigt hatte. Denn sie litten besonders darunter, selten aufessen zu dürfen."

VOLLFIT

Otto von Habsburg auf die Frage, ob er 1999, also 87jährig, neuerlich für die bayrische CSU als Europa-Abgeordneter kandidieren werde:
‚Schauen Sie, ich überlege ernstlich. Ich habe zwei Persönlichkeiten eidesstattlich verpflichtet, mir reinen Wein einzuschenken, wenn ich einmal nicht mehr vollfit sein sollte – bisher haben sie sich in Schweigen gehüllt . . .'"

DER SALZBARON

Vor einem Jahr hätten wir dieses Kapitel eher respektlos noch mit: „Der Hannes" überschrieben.
Inzwischen ist der einstige Kronprinz Hannes Androsch zweifach geadelt worden: Durch den Kauf der heimischen Salinen fiel ihm der Titel eines ‚Salzbarons' zu, und mit seinem sechzigsten Geburtstag hat er endgültig die Niederungen des tagespolitischen Gekläffs verlassen. Für seine neue Abgeklärtheit sorgt auch der Umstand, daß der Mann bereits die politische Bühne verlassen hat, den Hannes Androsch als Unglück für Land und Partei sah, sein einstiger Sekretär Franz Vranitzky.
Und auch mit sechzig bringt er noch mehr Charme und Wortwitz in den Diskurs ein als eine ganze Generation von 68ern.

GOTT ERHALT'S

G. V.: „Als (beinahe schon) Altausseer lasse ich dir da den Vortritt, eine Schnurre rund um den ‚Salzbaron' zu erzählen."

H. F. M.: „Ich bin Grundlseer – da liegen Welten dazwischen. Auch für Sommerfrischler. In Grundlsee hat man es Hannes Androsch bis heute nicht verziehen, sein dortiges Sommerdomizil gegen eines in Altaussee eingetauscht zu haben – auch wenn das schon ein Jahrzehnt zurückliegt."

SCHATZKAMMER

G. V.: „Zu den engsten Freunden von Hannes A. zählt bekanntlich Gerd B., den Sie in diesem Buch noch unter dem Kapitel „Der General" finden werden, auch wenn es zwischen den beiden natürlich gesellschaftspolitische Differenzen gab.
Gerd Bacher hat diesen Unterschied einmal so charakterisiert: ‚Lieber Hannes, das, was dich als Sozialisten und mich als Konservativen unterscheidet: Wenn wir beide in die Schatzkammer gehen, dann weiß ich, daß das nur zum Anschauen ist.'"

REICH

G. V.: „Zu seinem 60. Geburtstag im April 1998 war Hannes Androsch Gast in der ‚TV-Pressestunde' und wurde von Günther Ziesel mit einer anderen Anekdote aus dem Mund Gerd Bachers konfrontiert, da Anekdoten bekanntlich den Vorteil haben, nicht exakt einklagbar zu sein. Der einstige ORF-Chef soll den damaligen Vizekanzler einmal gefragt haben: ‚Hannes, was willst werden? Reich oder Bundeskanzler?' Und Androsch soll geantwortet haben: ‚Wenn's geht, beides.' Replik Bachers: ‚Des schaffst net amal du.'"
H. F. M.: „Und wie hat Androsch darauf reagiert?"
G. V.: „Kanzler wollte ich sowieso nicht werden. Was hätte ich mit fünfzig gemacht? Entweder man ist burned out, oder man wird zu seiner eigenen Karikatur. Ich war außerdem überzeugt, daß man die ersten Wahlen nach Kreisky verlieren muß und als Nachfolger mit einem Fehlstart ins Rennen geht.'"

H. F. M.: „Wie recht er am Beispiel Sinowatz behalten sollte."

„VRANZ"

G. V.: „Mit sechzig steht man doch schon ein wenig über den Dingen.
Dementsprechend karg war auch die Antwort von Androsch auf die Frage, wie er jetzt über seinen einstigen Sekretär Franz Vranitzky denke, der es weiter als er gebracht habe: ‚Da er nicht mehr dort ist, wo ich ihn nicht mehr haben wollte, interessiert mich überhaupt nicht, was er tut.'"

FINANZAMT

G. V.: „Zum 50. Geburtstag hielt, wie auch beim 60er, Beppo Mauhart, Fußballpräsident und wohl sein treuester Freund, die Laudatio. Dabei kam er auf die frühe Bestimmung für das spätere Amt zu sprechen: ‚Aus den Biographien vieler berühmter Männer wissen wir: Schon früh zeichnet sich das jeweilige Schicksal ab. Herbert von Karajan spielte mit fünf zum ersten Mal Klavier, Ronald Reagan saß mit fünf zum ersten Mal auf einem Pferd, Hannes Androsch war mit fünf zum ersten Mal auf einem Finanzamt.'"

NUDEL

H. F. M.: „Die Vorliebe des Hannes Androsch für gutsitzende Anzüge und maßgeschneiderte Schuhe hat ihm oft den Vorwurf eingebracht, einen ‚unsozialistischen Lebenswandel' zu führen. So auch von einer jungen Journalistin in einem Interview anläßlich seines 60. Geburtstages. Hannes A. gelassen: ‚Wenn ich wüßte, was ein sozialistischer Lebenswandel ist. Ob jemand mehr oder weniger Anzüge hat und ob sie gestreift sind oder nicht, ist ja völlig egal. Nicht egal ist, daß man sauber angezogen ist und nicht wie eine Nudel herumrennt.'"

TURNHOSE

G. V.: „Beppo Mauhart hat diese Vorwürfe einmal bissig so in einen Vergleich gegossen:
‚Es gibt ja heute schon ein paar andere Politiker, die ihre Repräsentationsaufgaben nicht in der Turnhose erledigen. Für die wenigen Gelegenheiten, wo in der Politik Shorts gefragt sind, haben wir ja einen eigenen Außenminister.'"
H. F. M.: „Das war wohl eine Anspielung auf den Wirbel, den Außenminister Alois Mock 1988 erregt hatte, als er im Rahmen eines offiziellen Besuches beim jordanischen König einen touristischen Programmpunkt in Shorts wahrnahm."

GEMEINDEBAU

G. V.: „Da fällt mir eine Geschichte von unserem Kollegen Malte Olschewski ein. Der nahm ja einen langen und sehr gewundenen Weg, bis er beim Fernsehen landete. So arbeitete er in weltanschaulich höchst kontroversiellen Redaktionen, wie der ‚AZ', der inzwischen eingestellten ‚Arbeiter-Zeitung', und der ‚Presse'. Beim traditionellen ‚Presse-Gschnas', einem einst legendären Journalisten-Fest, kam es zwischen Olschewski und Kanzler Kreisky zu folgendem Disput: ‚Was wollt's ös sein? Sozis?', und er packte den SPÖ-Vorsitzenden am Revers: ‚I wohn' im Gemeindebau, fahr' mit der Straßenbahn ins Büro, i bin der letzte Marxist!'"
H. F. M.: „Und wie ging das Match aus?"
G. V.: „Mit den Worten: ‚Zeig's ihm, Malte', stichelte Otto Schulmeister, ganz stolz auf seinen ‚Parade-Roten', das Wortgefecht an. Und Kreisky lud Olschewski zu einem Gespräch ein: ‚Denn das laß' ich net auf mir sitzen.'"

HADERLUMP

H. F. M.: „Der Konflikt Kreisky-Androsch hatte archaische Züge. Wer in dem Konflikt nicht auf Kreiskys Seite stand, wurde gnadenlos bekämpft."

G. V.: „Anläßlich der Amtsübergabe von Kreisky an Sinowatz bemühten sich die SP-Granden um die Finanzierung des aufwendigen Kreiskyschen Lebenswandels durch die Organisation mehrerer Pöstchen, die zusammen das notwendige Einkommen sichern sollten. Ronald Barazon, *der* Finanzfachmann unserer Branche, war in diesem Konflikt meist auf der Seite von Hannes A. gestanden, da er Kreiskys Wirtschaftspolitik für falsch hielt.
Nun schrieb er eine Glosse, in der er meinte, jedem anderen würde er eine derartige Aktion wünschen, nicht aber Kreisky, denn der habe schließlich lang genug die Armut für Journalisten und Politiker gepredigt.
Wütend stürzte Kreisky am Parteitag auf Barazon zu: ‚Sie Haderlump, Sie können mich ruhig klagen!' Barazon gelassen: ‚Ich will Sie aber nicht klagen, Herr Bundeskanzler.' Kreisky grollend: ‚Sie sind trotzdem ein Haderlump.'"

NÄCHSTES OPFER

H. F. M.: „Kreisky war natürlich nicht das einzige Opfer der spitzen Feder Barazons. Am Höhepunkt der Textilkrise, nachdem die Lösungsversuche rund um die Vöslauer Kammgarnfabrik schiefgegangen waren, an denen auch Industrie-Präsident Hans Igler maßgeblich beteiligt war, leitartikelte Barazon am Samstag in den ‚Salzburger Nachrichten': ‚Wie lange kann sich die Industrie Hans Igler noch leisten?'
Wenige Tage danach trafen einander I. und B. auf der Treppe des Hotel Imperial. Unser Gewährsmann trat ob des zu erwartenden Donnerwetters seines Präsidenten sicherheitshalber zwei Schritte zurück. Doch es kam anders: Igler ging strahlend auf Barazon zu, schüttelte ihm die Hand und fragte schmunzelnd: ‚No, wer ist denn am nächsten Samstag dran?'"

MERCEDES

H. F. M.: „Die Spannungen zwischen Bruno Kreisky und Hannes Androsch entluden sich auf vielfältige Art. Manche ‚Spitze' war von beiden Seiten subtil geplant, andere Kontroversen hatten den reinen Zufall als Vater."
G. V.: „So auch die folgende Begebenheit, die mir ein einstiger Vertrauter Androschs erzählte: Auf der Fahrt zur Eröffnung des Jahrhundertbauwerks Arlbergtunnel hatte Androsch einen Fahrzeugdefekt.
Konsul Dimitri Pappas, Generalimporteur der Nobelkarossen mit dem dreizackigen Stern, stellte daraufhin dem Vizekanzler seinen persönlichen Wagen, einen superlangen Mercedes 600 zur Verfügung, wie ihn damals nur gekrönte Häupter, etwa der Schah von Persien, fuhren. Als der Hannes so am Arlberg ankam, bekam Kreisky einen hochroten Kopf. Als Grund für die spätere Erblindung Kreiskys auf einem Auge wurde oft ein Eisenspan genannt, der ihm bei der Eröffnung des Tunnels ins Auge geflogen sein soll.
Vielleicht war's aber doch der Mercedes des Kronprinzen, der weit tiefer im Auge steckte."

AUF DEM WEG IN DIE KATASTROPHE
Vom Austrofaschismus zum Dritten Reich

Man könnte natürlich der Ansicht sein, diese düsteren Jahre der österreichischen Geschichte hätten nichts in einem heiteren Anekdotenbuch verloren. Es zeichnet aber gerade den Österreicher aus, daß er selbst in schweren Stunden seinen trefflichen Humor nicht verliert. Vor allem waren es Jahre, wo der Samen für ein neues Österreichbewußtsein gelegt worden ist. Und wir konnten ja auch ein paar positive Beispiele mutiger Menschen finden. Auf die vielen Fälle von Mitläufertum haben wir verzichtet – das hätte ein eigenes Buch werden müssen.

ERSTER AUFTRITT

H. F. M.: „Große Geschichte beginnt oft im kleinen, wie die folgende Anekdote beweist. Im Oktober 1918 steht bei einer Sitzung des katholischen Volksbundes ein damals noch völlig unbekannter Priester auf und verkündet mit Festigkeit seine Meinung: ‚Der Krieg ist verloren! Und die Monarchie ist nicht mehr zu retten!' – Seinen Namen sollte bald ganz Österreich kennen: Ignaz Seipel. Wie von der Tarantel gestochen, sprang ein junger Oberleutnant von den Kaiserschützen auf und trat dem Priester mit aller Vehemenz entgegen. Auch seinen Namen sollten wir später noch oft hören: Der kleingewachsene, kaiserliche Offizier hieß Engelbert Dollfuß."

HAUSMEISTER

G. V.: „Bruno Kreisky wurde 1935 verhaftet und mit vielen anderen jungen Funktionären der illegalen ‚Roten Jugend' vor Gericht gebracht. Einem Parteifreund, der in einer Hausmeisterwohnung lebte, warf der Staatsanwalt düstere revolutionäre Pläne vor. Der damals sehr bekannte Strafverteidiger Dr. Sperber, der Dr. Michael Stern der damaligen Zeit, griff diesen Umstand wortreich auf: ‚Der Staatsanwalt hat meinen Mandanten zu einem Weltrevolutionär gestempelt. Ich sage Ihnen, Hoher Gerichtshof, es ist bestenfalls der Hausmeister der Weltrevolution gewesen.'"

PROPHETIE

G. V.: „21 Monate saß Kreisky gemeinsam mit einem jungen Kommunisten namens Auerbach und einem illegalen Nazi namens Weninger in der Zelle. Eines Tages spielte sich folgender Dialog ab. Zuerst der Nazi: ‚Schaut's, übers Jahr kommt der Hitler, und dann bin i frei, dann bin i wer.' ‚Naja', hat der Auerbach gesagt, ‚aber der Hitler wird ja Krieg machen, und er wird den Krieg verlieren, dann kommt der Stalin, und dann sind wir dran.' Kreiskys Resümee: Da saß der kleine Sozialdemokrat zwischen diesen beiden, die einen Stalin und einen Hitler hatten, und er hatte gar nichts."

DER SCHULDIGE

G. V.: „Der deutsche Langzeitkanzler Helmut Kohl ist bekanntlich ein besonderer Freund Österreichs, verbringt seit mehr als einem Vierteljahrhundert hier seine Urlaube und vor allem seine alljährlichen Fastenkuren.
Mit dabei ist oft der bekannte Architekt und Karikaturist Gustav ‚IRONIMUS' Peichl.
Diesen stellte Kohl staunenden Runden oft so vor: ‚Das ist der Professor Peichl aus Wien. Er trägt die Schuld am Ausbruch des Zweiten Weltkrieges.'

Erst wenn dann das Erstaunen und Kopfschütteln zu groß wurde, ‚verdeutschte' das Kohl so: ‚Der Professor Peichl ist Rektor jener Kunstakademie, an der sich Adolf Hitler um die Aufnahme als Student beworben hat. Und wenn einer der Vorgänger Peichls Hitler nicht abgelehnt hätte, wäre dieser Maler und nicht Diktator geworden.'"

AUSTAUSCH

H. F. M.: „Auch Helmut Kohls großes Vorbild Konrad Adenauer nahm gegenüber Österreichern gerne Bezug auf Adolf Hitler. Als Bruno Kreisky, damals noch Staatssekretär im Außenministerium, einmal in Bonn zu Verhandlungen über das österreichische Eigentum in Deutschland weilte, meinte Adenauer sarkastisch:
‚So, österreichisches Eigentum in Deutschland suchen Sie? Wissen Sie, Herr Kreisky, wüßte ich, wo die Gebeine Hitlers zu finden sind, würde ich Sie Ihnen liebend gern als österreichisches Eigentum zurückstellen.'"

DER UMBAU

H. F. M.: „Adolf Hitler hat Wien gehaßt. Das hat die prominente Historikerin Brigitte Hamann sehr anschaulich in ihrem Buch ‚Hitlers Jugend in Wien' dokumentiert.
Vor dem Ersten Weltkrieg während seiner fehlgeschlagenen Bemühungen, Aufnahme an der Kunstakademie am Schillerplatz zu finden, hatte Hitler das ursprüngliche Ringstraßenprojekt des prominenten Architekten Semper kennengelernt, das an die Stelle des Volksgartens einen zweiten, bogenförmigen Trakt der Neuen Hofburg setzen wollte.
Nach dem Einmarsch 1938 plante Hitler allen Ernstes seine Verwirklichung. Im Zusammenhang damit sollte die Ringstraße zwischen Schwarzenbergplatz und Votivkirche abgeholzt werden, um sie so auf die doppelte Breite zu bringen.
Im Wiener Rathaus stieß der nunmehrige NS-Kreisleiter, der Patentanwalt Dr. Franz Tavs, auf dieses Projekt. Es verleitete

ihn zu dem Ausruf: ‚Jetzt fehlt nur noch, daß er auch den zweiten Turm des Stephansdomes ausbauen läßt!'"

P.S.: Die Parteigenossen im Wiener Rathaus verzögerten das Ringstraßenprojekt so lange, bis der Kriegsausbruch allen Bauplänen ein Ende bereitete.

DIE GEHEIME WAFFE

G. V.: „Das erinnert mich an eine gern erzählte Schnurre, die beweisen sollte, daß viele Österreicher den Anschluß nicht so ernst nahmen.
Der weltbekannte Sänger Leo Slezak wohnte gegenüber der Oper im eleganten Heinrichshof. Vom Fenster seiner Wohnung aus beobachtete er mit Gästen das Spektakel von Hitlers Fahrt zum Heldenplatz. Als einer ernste Zweifel äußerte, ob sich Österreich als Staat werde behaupten können, meinte Slezak lachend: ‚Lieber Freund, gegen den Knoblauch und den Weihrauch können auch die Piefke nicht anstinken!'"

HIMMELREICH

H. F. M.: „Zu den nach wie vor umstrittensten Entscheidungen dieser Tage zählt ja das ‚Ja' der österreichischen Bischöfe zur Volksabstimmung über den Anschluß an Hitler-Deutschland. Und das Skurrile daran war, daß der Vertreter des aus dem Alt-Reich geholten, neuen NS-Gauleiters Bürckel . . ."
G. V.: „. . . ein ordentlicher Säufer übrigens, so daß er bei den Wienern bald ‚Bierleiter-Gaukel' hieß . . ."
H. F. M.: „. . . bei den Verhandlungen mit der Bischofskonferenz den mehr als tiefsinnigen Namen Dr. Himmelreich trug. Hellmut Andics überlieferte uns den entscheidenden Dialog:
Kardinal Innitzer: ‚Wie soll ich unterschreiben?'
Dr. Himmelreich: ‚Im Verkehr mit Behörden ist die Formel Heil Hitler.'
Innitzer: ‚Ja, muß denn auch ich so schreiben?'

Himmelreich: ‚Ja, es ist so Brauch.'"
G. V.: „Der Dr. Himmelreich wird aber trotz seines Namens nicht in den Himmel gekommen sein."

MUTIGE WORTE

H. F. M.: „Es gab aber auch Österreicher, die in diesen Tagen und Stunden Mut bewiesen. Einer davon war der österreichische Gesandte in Berlin, Ingenieur Tauschitz.
Und das hatte folgenden Hintergrund: Hermann Göring, der den Anschluß betrieben und forciert hatte, war just in den entscheidenden Stunden der Nacht vom 11. auf den 12. März nicht am Drücker.
Und das hatte einen geradezu grotesk klingenden Grund: Der Reichsmarschall mußte tanzen gehen. An diesem Abend wurde nämlich im Berliner Fliegerklub das gesellschaftliche Ereignis der Saison, der Fliegerball, veranstaltet. Der österreichische Gesandte blieb mit seinem Militärattaché dem Ball fern. Am nächsten Tag von Göring zur Rede gestellt, antwortete der mutige Mann: ‚Herr Reichsmarschall, ich kann nicht tanzen, wenn Österreich auf dem Totenbett liegt.'"

RETTUNGSLOS

H. F. M.: „Eine tragische und komische Anekdote gibt es vom unvergeßlichen Schriftsteller Anton Kuh. Wenige Tage vor dem Anschluß stieß er in der Wiener Herrengasse auf Bundeskanzler Arthur Schuschnigg: ‚Herr Kuh, was sagen Sie zur allgemeinen Lage? Kommen S' um 9 Uhr zu mir zum Frühstück, und erzählen S' mir, was Sie denken.'"
G. V.: „Wo ist die Pointe?"
H. F. M.: „Kuh wörtlich: ‚Am selben Tag packte ich die Koffer und fuhr nach Paris. Weil ein Land, das meinen Rat benötigt, rettungslos verloren ist!'"

1000 JAHRE

G. V.: „Andere Künstler waren jedoch von den neuen Machthabern mehr angetan. So veröffentlichte Heinrich Schweiger in seinem köstlichen Buch ‚Bilder eines Schauspielers' ein Titelfoto des ‚Völkischen Beobachters', das den damaligen Doyen des Burgtheaters Otto Tressler zeigt, wie er Hitler freudig begrüßt. Der spätere Burgtheaterdirektor Ernst Haeusserman mußte nach dem Krieg diesen großen Schauspieler vernehmen und fragte: ‚Wie kam es zu dem Bild?'
Die Antwort Tresslers war von entwaffnender Art: ‚1938 glaubte doch jeder, es dauert 1000 Jahre.'"
H. F. M.: „Diese Begeisterung ist Tressler übrigens dann vergangen, als die Nazis seinen Sohn Dieter wegen Desertion hinzurichten drohten und der Schauspieler mit einem Kniefall Göring um dessen Begnadigung bat. Das Urteil wurde nicht vollstreckt. Dieter Tressler erlebte das Kriegsende in der Todeszelle."

GENERAL MEZZANIN

G. V.: „Wie schwer sich die neuen Herren manchmal mit ihren neuen Verwandten taten, zeigt die folgende Schnurre. Ein deutscher Offizier hat im alten Kriegsministerium am Ring, dem nunmehrigen Generalkommando der Wehrmacht, zu tun. Er steigt hurtig die Stufen hinan und liest aufmerksam die Bezeichnungen der Stockwerke: ‚Souterrain' und ‚Mezzanin'. Zu seiner Begleitung meinte er anerkennend, es gefalle ihm, daß die Österreicher die Stockwerke nach verdienten Generalen benennen würden, und fragte neugierig: ‚Sajen Sie, Herr Kamerad, wat hat denn der Jeneral Mezzanin eijentlich jelestet?'
Darauf antwortete sein österreichischer Kamerad schmunzelnd: ‚Er hat den General Souterrain besiegt!'"

ÖSTERREICH IST FREI
Von Figl bis Klima

Mehr als ein halbes Jahrhundert besteht diese Zweite Republik nun bereits. Und zwischen Leopold Figl und Viktor Klima lagen nur sechs Bundeskanzler. In Frankreich sind sie hingegen bereits bei der fünften Republik angelangt. Und Italien hat seit dem Krieg mehrere Dutzend Regierungen verschlissen. Man könnte meinen, bei so viel Stabilität muß wohl die Politik fad sein. Mitnichten, wie die folgenden Schnurren beweisen. Nur wird bei uns im Hohen Haus am Ring nicht geschossen wie in Madrid oder geohrfeigt wie in Rom, aber zu ein paar ordentlichen Krawallen, wie zuletzt in der Causa Rosenstingl, hat's noch allemal gereicht.

GRUNDSÄTZE

H. F. M.: „Eine der kämpferischsten Gruppen in der Politik der Zweiten Republik sind die Bauern. Egal ob die Regierung ‚rot' oder ‚schwarz' war, sie forderten immer energisch Unterstützung vom Staat. Bundeskanzler Alfons Gorbach bat 1963 seinen Finanzminister Josef Klaus: ‚Gib den Bauern doch 300 Millionen.' Klaus, der angetreten war, den koalitionären Schlendrian in der Budgetpolitik zu beenden, wollte nicht nachgeben. Daher erklärte er ausführlich der Bauerndelegation seine finanzpolitischen Grundsätze, daß man nicht ständig Schulden auf Kosten der Kinder machen könne."
G. V.: „Und was haben die Bauern dazu gesagt?"
H. F. M.: „Die Bauern haben nicht lange gefackelt: ‚Herr Finanzminister, wir wollen keine Grundsätze, wir sind wegen dem Geld da.'"

FAHRKARTE

H. F. M.: „Zwanzig Jahre hatten Sozialisten und ÖVPler seit 1945 das Land gemeinsam regiert. Und nun teilte am 18. April 1966 der Vorsitzende der SPÖ, Noch-Vizekanzler Bruno Pittermann, den verdatterten ‚Schwarzen' mit, daß das letzte Angebot der ÖVP im Parteivorstand mit 30 zu 10 Stimmen abgelehnt worden sei. Die Koalition der ‚Zwei' war am Ende. Doch niemand wagte laut zu denken, was nun kommen könnte.
Der langjährige ÖVP-Chefredakteur Willi Sauberer erzählte vor kurzem zur Illustration dieses Zustands folgende Anekdote: ‚Am 19. April 1966 wunderte sich ein Salzburger Pfarrer. Am Bahnhof, den er mit wenig Hoffnung betreten hatte, bekam er anstandslos eine Fahrkarte in die Bundeshauptstadt. Seine überraschte Reaktion: Ja, gibt's denn keinen Generalstreik?'"

KAPITAL

G. V.: „Bei einem Besuch der neuen Shopping City Süd im Herbst 1976 beeindruckte Bruno Kreisky den einstigen ‚Profil'-Chefredakteur Georg Nowotny mit seiner Kommunikationsstärke: ‚Es ist unglaublich, wieviel Leute Kreisky hier kennt. Betriebsräte der vertretenen Firmen und deren Direktoren, die Gemeinderäte aus Vösendorf wie auch die Vertreter der Hochfinanz. Diese ungeheure Personenkenntnis, erworben in Jahrzehnten politischer Tätigkeit, ist ein Kapital, das er einem Josef Taus – der nicht einmal alle Landesfunktionäre der ÖVP kennt – immer voraushaben wird.'"

LETZTES AUFGEBOT

G. V.: „Am 2. Juni 1970 um fünf Uhr früh brachen zusammen mit dem bekannten Frühaufsteher Josef Klaus zwei Politiker nach Warmbad Villach auf, um vom dort urlaubenden Bundespräsidenten Franz Jonas als neue Minister der ÖVP-

Alleinregierung angelobt zu werden: der 36jährige Klaus-Sekretär Alois Mock und der erst 32jährige Leiter des Ministerratsdienstes, Heinrich Neisser.
Mock wurde Unterrichtsminister, Neisser Staatssekretär im Kanzleramt. Galliger Aufmacher einer prominenten Bundesländerzeitung: ‚Das letzte Aufgebot'.
Zweiter Nationalratspräsident Neisser, fast dreißig Jahre später über sich und Mock: ‚Langfristig gesehen waren wir aber ein relativ dauerhaftes Aufgebot.'"

ARBEIT

H. F. M.: „Eines konnte aber niemand dem Alois Mock absprechen: seinen Einsatzwillen und großen Arbeitsfleiß. Als Außenminister hatte er wieder einmal seinen Mitarbeiterstab zusammengetrommelt, und zwar an einem Freitagabend, während rundherum im Regierungsviertel nur mehr die Putzfrauen an der Arbeit waren. Endlich, um zehn Uhr

abends entließ er die Runde mit leerem Magen, denn auch aufs Essen hatte Mock vergessen.
Zu seiner langjährigen Chefsekretärin Frau Nagl meinte aber Mock: ‚So, jetzt fangen wir mit der Arbeit an.'"

DER FEITL

G. V.: „Zwei der bestimmendsten Persönlichkeiten der zweiten Republik waren Anton Benya und Rudolf Sallinger, die Zwillinge der Sozialpartnerschaft. Sie waren aber auch starke Männer in ihren Parteien und brachten gern die Dinge mit wenigen Worten auf den Punkt.
Sallinger zu unserem Informanten: ‚Waßt, a Politiker braucht a Hirn. A Politiker braucht an Mut. Und a Politiker braucht a lang's Messer.'
Nachdem er die Wirkung seiner Worte auf das Gegenüber getestet hatte, setzte er fort: ‚Was die dem armen Mock antuan.' Wieder Pause.
‚I hab' vielleicht weniger Hirn als der Alois. Aber i hab' a lang's Messer.' Wieder Pause.
‚Und der Mock hat net amal an Feitl!'"

INTRIGE

H. F. M.: „Daß Sallinger, anders als Mock, sehr wohl die Kampfregeln auf dem politischen Parkett beherrscht hat, beweist die Aussage eines seiner langjährigen Vertrauten. ‚Kaum ist er von einer Auslandsreise aus dem Flugzeug gestiegen, hat er schon auf der Gangway gefragt: ‚Wer hat gegen mich intrigiert?'"

KÖPFLER

H. F. M.: „Der ‚Toni-Onkel', wie er oft liebevoll von seinen Genossen genannt wurde, konnte auch sehr ungeschminkt in seinem politischen Urteil sein. Als er 1996, bereits 84jährig, nach den Chancen Jörg Haiders gefragt wurde, Bundeskanzler zu werden, meinte er trocken: ‚Wann die ÖVP no amal an Köpfler macht, dann wird er's.'
Nachstoßfrage: ‚Derzeit blinzelt der Haider aber eher zur SPÖ.' Benya ungerührt: ‚Bei uns macht der kan Pecker.'"

GRÜNERLEI

G. V.: „Spätestens seit der Aubesetzung von Hainburg waren ja die Grünen Anton Benya nicht besonders grün. Er ließ sie das 1984 auch via Fernsehen wissen:
‚Ich wäre glücklich, wenn viele, die da für Grün eintreten, sich wirklich Grünes anschauen würden und nicht nur über Grün viel reden und dabei im Kaffeehaus sitzen.'"

GESAMTKUNSTWERK

H. F. M.: „Einer, der mit Hainburg und den Grünen seine liebe Not hatte, war Fred Sinowatz. Noch heute ist er überzeugt, wie er jüngst erklärte, daß die Errichtung des Kraftwerkes in der Au sinnvoll gewesen wäre. Und stets wurde er

am Gedanken gemessen, wie raffiniert wahrscheinlich sein Vorgänger dabei vorgegangen wäre."
G. V.: „Den Unterschied zwischen dem Kanzler Kreisky und dem Regierungschef Sinowatz beschreibt der Burgenländer so: ‚Für mich war Politik kein Spaß, eher Belastung; für Kreisky ein Spiel, ein Gesamtkunstwerk.'"

ENGLISCH

G. V.: „Dafür ließ Bruno K. seinen Nachfolger oft spüren, daß er ihn nur für eine Verlegenheitslösung hielt.
Das demonstrierte er etwa unserem Kollegen Christoph Kotanko, damals noch beim ‚Profil'. Am Höhepunkt der Waldheim-Affäre recherchierte dieser, wer aus dem inneren Zirkel der SPÖ die ominöse ‚Wehrstammkarte' und andere Details aus dem Lebenslauf von Kurt Waldheim der New York Times zugespielt hatte. Zur Recherche gehörte natürlich auch ein Anruf bei Kreisky.
‚Herr Altbundeskanzler, hat Ihr Nachfolger Sinowatz etwas damit zu tun?' Die knappe Antwort sprach Bände: ‚Der Herr kann ja net amal Englisch.'"

REGIEREN

H. F. M.: „Dabei war der gemütliche Burgenländer im Alltag der Politik oft knallhart. Während Kreisky etwa dem Enfant terrible der SPÖ, Günther Nenning, die Protestzähne dadurch zog, daß er ihn einen ‚Wurschtl' nannte, griff Sinowatz beim ‚Auhirschen' schon zu einer stärkeren Dosis, dem Parteiausschluß.
Auch in seinem Stammhaus, dem Unterrichtsministerium, zeigte er den Beamten, wo's langgeht. Zum ‚schwarzen' Sektionschef Leo Leitner etwa meinte er: ‚Diskutieren können wir über alles, aber vergessen Sie nicht: Regieren tu' ich!'"

VIECHEREI

H. F. M.: „Anders als der Journalistenkanzler Kreisky war Sinowatz-Nachfolger Franz Vranitzky gegenüber unserer Zunft sehr dünnhäutig, ein ‚Weltmeister' in der Disziplin, sich um nichts in der Welt ‚anpatzen' zu lassen – wie wir sagen."
G. V.: „Stichwort Hainburg! Ein Kollege schrieb einmal im Zusammenhang mit Überlegungen, Hainburg in gemilderter Form doch zu bauen, Vranitzky winde sich wie ein Aal, da ließ er den Armen in ganz Wien suchen, bis er ihn in einem Fitneß-Studio auftrieb: ‚Ich laß mich von Ihnen mit keinem Viech vergleichen.'
Da nutzte auch der Hinweis des belesenen Redakteurs nichts, daß allegorische Vergleiche in der Literatur einen besonderen Stellenwert hätten. Vranitzky war die Literatur wurscht. Er beendete das Gespräch knapp: ‚Ich bin kein Viech!'"

WALDBAUERNBUB

H. F. M.: „Besser als im Einstecken war Vranitzky im Austeilen. Und da nahm er am Beginn seiner Kanzler-Karriere gleich eine Anleihe bei Jörg Haider. Dieser hatte 1985 den neuen ÖVP-Obmann und Mock-Nachfolger Josef Riegler zum Start in der politischen Arena abschätzig so begrüßt: ‚Der Mock im Steireranzug'."

G. V.: „Vranitzky sollte einen gröberen Klotz wählen: Um den neuen Gegner ins Eck der Naivität und Weltfremdheit zu drängen, nannte er ihn schlicht den ‚Waldbauernbub'."

JOGGEN

G. V.: „Stichwort Fitneß! Erhard Busek, Kopfmensch par excellence, hatte mit der Körperertüchtigung wenig am sprichwörtlichen Hut, obwohl er ja als Wissenschafts- und Unterrichtsminister auch dafür zuständig war. Busek, im bekannt gefürchteten zynischen Ton: ‚Mir graust jedesmal, wenn der Unterrichtsminister den Startschuß zum Fitneßmarsch gibt und das auch noch in den Nachrichten vermeldet wird. Das ist ja geradeso, als hätten wir den Staatsvertrag mit Joggen erworben.'"

UNTERSCHIED

H. F. M.: „Buseks Nachfolger Schüssel, weit sportlicher als sein Vorgänger, dafür aber sehr schmächtig, wurde natürlich oft Opfer seiner Körpergröße, versuchte aber das Beste daraus zu machen. Als er als Wirtschaftsminister bei der Jahrestagung der Hoteliers 1992 hinter dem hochgewachsenen Präsidenten Ronacher ans Rednerpult trat und das Mikrofon ein schönes Stück herunterziehen mußte, meinte er schmeichelnd: ‚Da sehen Sie den Unterschied zwischen einem großen Präsidenten und einem kleinen Minister.'"

NACHBARN

G. V.: „Lockere Sprüche führte Wolfgang Schüssel schon, bevor er international damit berühmt wurde ..."

H. F. M.: „... du meinst das Frühstücksgespräch in Brüssel..."
G. V.: „... das Zitat hat er ja bestritten – aber das folgende ist sogar auf der CD-ROM-Scheibe von Hans Böck ‚Also sprach...' gespeichert. Schüssel im Originalton: ‚Ich glaube nicht, daß wir Österreicher perfekt sind, aber immer noch besser als unsere Nachbarn. Schauen wir ein bisserl nach Süden, da sitzt die eine Hälfte im Gefängnis, und die andere besucht sie dort.'"

BASAR

H. F. M.: „Regierungssitzungen haben ihr eigenes Zeremoniell. Zwar gibt es einen formellen Beginn, Kanzler Vranitzky kam aber meist eine Stunde später. Die Zeit dazwischen wurde Basar genannt, weil da alle ihre ‚Geschäfte' in bilateralen Gesprächen machten. Nur einer kam immer sehr, sehr spät – der passionierte Langschläfer Rudolf Scholten. Einmal sagte er zu ÖVP-Klubobmann Andreas Khol: ‚Die Sitzung der Bundesregierung ist eine Sitzung, zu der man nicht zu spät kommen kann.'"
G. V.: „Die Tradition des langen Basars hatte schon unter Bruno Kreisky begonnen, den bekanntlich die Unpünktlichkeit besonders auszeichnete. Bei ihm dauerte daher der Basar eine Stunde und oft auch länger. Die damalige Wissenschaftsministerin Hertha Firnberg kam ähnlich wie ihr Nachfolger Scholten meist sehr spät, aber nie zu spät. Eines Tages war aus unerfindlichen Gründen Kreisky pünktlich, und Firnberg kam daher zu spät. Der Kanzler musterte sie streng und brummte dann: ‚Wie soll man denn da arbeiten können, wenn jeder kommt, wann er will.'"

SCHWARZ-GELB

H. F. M.: „Da Viktor Klima noch nicht sehr lang im Amt ist, greifen wir zu einer Anekdote, in der zwar der Name unseres Bundeskanzlers eine bestimmende Rolle spielt, nicht jedoch

er selbst, da die Geschichte wohl doppelt so alt wie er sein muß. Wir verdanken sie übrigens unserem Anekdotensammler-Kollegen Georg Markus.
Erzherzog Eugen, ein Cousin Kaiser Franz Josephs, unternahm eine Reise durch Böhmen und Mähren. Der Erzherzog war der letzte Hochmeister des Deutschen Ordens und ein geselliger Mann, der gerne mit den ‚kleinen Leuten' plauderte. Wohl aus diesem Grund gaben ihm seine Berater den Rat, nur ja kein Thema anzuschneiden, das in den Kronländern Anlaß zu einer Diskussion der Nationalitätenfrage geben könnte. Der Erzherzog sollte also mit der Bevölkerung ausschließlich über Harmloses parlieren, wie etwa über das Wetter. An diesen Rat hielt er sich auch, als er in einem böhmischen Ort ankam, der als besonders rebellisch galt.
‚Nun', richtete Erzherzog Eugen das Wort an den Bürgermeister, ‚wie ist es denn mit dem Klima in Ihrer Gegend?'
Worauf der biedere Ortsvorsteher Haltung annahm und untertänigst antwortete: ‚Also, Kaiserliche Hoheit, haben wir zwei Klima hier in unsere Ort. Der eine is' ein ganz anständiger Mensch, aber der andere is' a schwarzgelber Hund, a richtig schwarzgelber.'"

RÄTSEL

H. F. M.: „Eine der bösartigsten Charakterisierungen eines Parteifreundes hat einst Bruno Kreisky geliefert, als er seinen Nach-Nachfolger als eine ‚Sphinx ohne Rätsel' bezeichnete. ‚Profil'-Autor Markus Huber war die Selbstinszenierung des Nach-Nach-Nachfolgers ein Essay wert, das in dem Urteil gipfelte: Klimas PR-Manager schrieben ihm eine Rolle auf den Leib, daß Klima ziemlich alles darstellt, nur keine Sphinx. Und natürlich auch kein Rätsel."

DER JÖRG
und sonst keiner?

Im Jahre des Rosenstingl könnten uns manche Leser vorwerfen, Jörg Haider verdiene kein eigenes Kapitel. Die leichte Muse der Anekdote könnte seine Politik verniedlichen, ihn in ein allzumildes Licht tauchen. Nun sind bereits viele Versuche unternommen worden, Jörg Haider auszugrenzen. Einer der führenden Ausgrenzer, der einstige Herausgeber des „Profil", Hubertus Czernin, hat sogar ein Buch darüber geschrieben: „Der Haider-Macher". Er meinte aber nicht vielleicht sich und Kollegen, die mit jedem Anti-Haider-Cover sowohl die Auflage als auch den Zulauf der Wähler steigerten, sondern Ex-Kanzler Franz Vranitzky. Nun konnte der „Vranz" mit seiner Politik wahrlich dem Jörg Haider nicht gefährlich werden. Das erfolgversprechendste Rezept dafür

hatte nämlich einer der intimsten Haider-Kenner, der langjährige FPÖ-Chef Friedrich Peter, längst ausgegeben: „Der einzige, der Jörg Haider gefährlich werden kann, ist Jörg Haider." Friedrich Peter scheint recht zu bekommen.

SCHLAGFERTIG

G. V.: „Die Scharmützel, die sich unser Kollege Josef Broukal mit den ‚Blauen' geliefert hat, sind bereits Legende. Während ihn Gerd Bacher dafür mehrfach rüffelte, ging sein Nachfolger Gerhard Zeiler einen Schritt weiter und verhängte über Broukal ein Auftrittsverbot in der Sendung ‚Report'. Für den kritischen Interviewstil bekam der ‚Zeit im Bild'-Star von ‚Kurier'-Chefredakteur Peter Rabl die ROMY, den bekannten Fernsehpreis, süffisant mit dem Wortspiel überreicht: ‚Wenn der Josef Broukal Blau sieht, sieht er rot.'
Ein Jahr später, beim selben Anlaß, variierte Josef Broukal aus aktuellem (Rosenstingl-)Anlaß: ‚Wenn ich heute Blau sehe, sehe ich blauen Himmel, Meer und Palmenstrand.'"

SPION

H. F. M.: „Am Höhepunkt der Affäre Rosenstingl erklärte Jörg Haider in einer Pressekonferenz: ‚Es besteht der begründete Verdacht, daß mein Büro im Parlament abgehört wird.'
Dazu der frühere Vizekanzler Erhard Busek mit ungebrochenem Hang zum Spott: ‚Na und? Der Haider ist ohnedies nie in seinem Büro.'"

ENTHAUPTUNG

G. V.: „Nachdem Jörg Haider im April 1998 siebenhundert FPÖ-Funktionäre zuerst mit einem Schlag entlassen hatte, kam es nach Treueschwüren und Selbstbezichtigungen im

Wiener Nobelhotel Plaza doch noch zu einem versöhnlichen Ende.

Gerhard Steininger, der legendäre ‚Steinkauz' der ‚Salzburger Nachrichten' erzählt davon folgende Begebenheit: ‚Ein Salzburger FPÖ-Funktionär, vom Jörgl zum Rapport bestellt, wurde noch blasser, als ihn ein Journalist von unten bis oben und retour musterte: ‚Ich möchte Sie nur noch einmal *mit* Kopf sehen.'"

H. F. M.: „Aber so dramatisch wurde es dann doch nicht. Im Gegenteil, alle Köpfe, auch die schon abgeschnittenen, kamen wieder auf ihre Schultern. Kommentar von Ulrich Stocker in der ‚Kleinen Zeitung': ‚*Die Stunde des Superklebers*'."

AUSLANDSREISEN

G. V.: „Bis zur Drucklegung dieses Buches haben wir die Causa Rosenstingl sicher noch nicht völlig aufgearbeitet. Was unseren ‚Steinkauz' nicht hinderte, Jörg Haider nach dessen Rückkehr aus dem Fernen Osten zu pflanzen, doch lieber mehr in der Heimat zu weilen, denn immer, wenn er sich im Ausland aufhalte, sei in der Partei der Teufel los. Haider, früher selbst Blödeleien nicht abgeneigt, nahm die Flachserei ernst und antwortete trocken: ‚Im Gegenteil, ich muß noch mehr ins Ausland fahren, damit ich auf alle Geschichten in der Partei draufkomm!'"

TREUE DIENER
Von Adjutanten und Sekretären

Mit dieser Personengruppe werden wir uns nicht ernsthaft anlegen, sind sie doch bevorzugte Informanten für Autoren. Manchmal zwar verschlossen wie eine Auster, dann aber doch wieder mitteilsam, um den Ruhm des Chefs zu mehren.
Im Österreich der k.u.k. Zeit überwogen die Adjutanten, war es doch mehr Militär- und Beamtenstaat. Ab 1918 gewannen die Sekretäre die Oberhand; in der Zweiten Republik wurden sie sogar zur Staatsform erhoben: „Die Republik der Sekretäre" war ein gängiges Schlagwort. Mitunter erklommen sie sogar höhere Positionen als ihre einstigen Chefs, wie das Beispiel von Androsch und Vranitzky zeigt.
Unter dem Kaiser hatten sie noch prächtige Namen wie Generaladjutant oder Flügeladjutant und trugen ein Wirrwarr von goldgewirkten Schnüren an der Brust. In der Republik leisteten sich nur mehr der Bundespräsident und der Verteidigungsminister diese verschnürten Pakete. Der Kanzler und die anderen Minister mußten mit schmucklosen Zivilisten auskommen, oder sie wählten sich hübsche Damen.

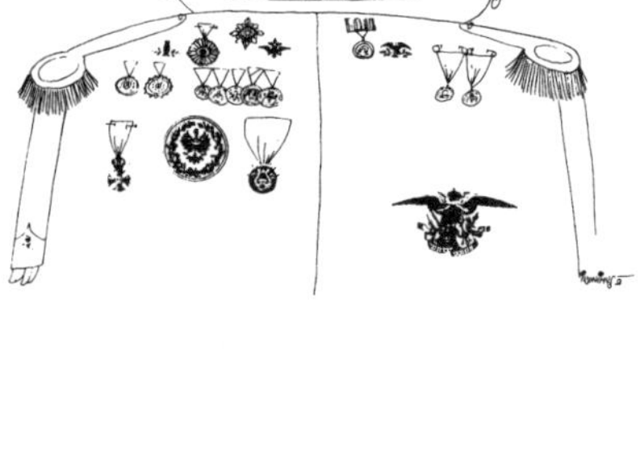

ANDERSRUM

G. V.: „Wir sollten also vorsichtig beginnen.“
H. F. M.: „Am besten in der Vergangenheit.“
G. V.: „Und da eher bei einer Randfigur.“
H. F. M.: „Da kommt am besten Erzherzog Ludwig Viktor in Frage, der jüngste Bruder Kaiser Franz Josephs. Im Hofjargon wurde er „Luziwuzi“ genannt und, als seine Veranlagung nicht mehr zu kaschieren war, vom Hofe nach Salzburg ins Schloß Kleßheim verbannt.
Weil der Erzherzog den Umgang mit Herren jeder Damenbegleitung vorzog, meinte sein Bruder, der Kaiser, einmal: ‚Man müßt' ihm als Adjutanten eine Ballerina geben, dann könnt' nix passieren.‘“

URUNDI BURUNDI

G. V.: „Danach hätte man Thomas I. wohl nur Sekretäre geben dürfen?“
H. F. M.: „Du meinst, dann wär' die Affäre Löffler nicht passiert.“
G. V.: „Er hat ja noch in der Phase, als nur die engste Umgebung davon wußte, Rat bei prominenten Freunden eingeholt, wie er dem Getuschel entgegentreten solle. Und einer seiner hochrangigen Freunde meinte: ‚Versetzen, am besten weit weg. Nach Urundi Burundi.‘“
H. F. M.: „Und wie hat der Bundespräsident reagiert?“
G. V.: „Er hat gefragt, wer es der Dame beibringen sollte. Worauf der Befragte meinte: ‚Wenn's du dich nicht traust, dann mach's ich.‘“
H. F. M.: „Das Ergebnis ist bekannt.“

AUFGEHÄNGT

G. V.: „Bleiben wir bei den männlichen Sekretären; das ist ein sichereres Terrain!“
H. F. M.: „Mitnichten, wie meine nächste Schnurre beweist.

Erstes provisorisches Staatsoberhaupt der jungen Ersten Republik war der Präsident der Nationalversammlung, Karl Seitz, der spätere populäre Wiener Bürgermeister. Sein Sekretär, der junge Jurist Adolf Schärf . . ."
G. V.: „. . . der es auch zu mehr als sein Mentor Seitz bringen sollte, nämlich zum ‚echten' Bundespräsidenten . . ."
H. F. M.: „. . . wurde im Oktober 1918 ins Parlament gerufen. Dort teilte ihm Otto Glöckel, der spätere große Schulreformator, mit, daß er als Sekretär von Seitz vorgesehen sei. Er tat das mit den wenig ermutigenden Worten: „Geht's gut, sind Sie bei einer großen Sache dabei. Geht's schlecht, werden Sie aufgehängt!"

ABLEHNUNG

G. V.: „In der Zweiten Republik gab es ja zuerst kein Heer. Und der erste Bundespräsident, der sich wieder einen Offizier an seine Seite hätte nehmen können, war ja selbst aus diesem Stand."
H. F. M.: „Und so lehnte der einstige Generalstabsoberst der k.u.k. Armee, Theodor Körner, Edler von Siegringen, Generalmajor und Heeresinspektor des ersten Bundesheeres, einen Adjutanten mit den Worten ab: ‚Soldat und General bin ich selber; ich brauche keinen.'"

JÜNGLING

H. F. M.: „Sein Nachfolger Adolf Schärf war zwar auch kaiserlicher Offizier gewesen, hatte es aber als Reserveoffizier nicht wie Körner bis zum General, sondern nur bis zum Oberleutnant gebracht."
G. V.: „Als man 1956 dem damals 66jährigen Schärf, Oberstleutnant Gottfried Koiner, Offizier im Zweiten Weltkrieg, als Adjutanten anbot, reagierte er ziemlich betreten. Ganz offen zeigen konnte er seine Enttäuschung nicht; aber einem Vertrauten sagte er doch: ‚Alt bin ich selbst. Ich hätt' halt gern an Jüngern g'habt.'"

VOR GOTT

H. F. M.: „Ein nicht sehr begabter Sohn eines hochadeligen Hauses hatte es durch höchste Protektion geschafft, Offizier zu werden, obwohl er die für den Militärdienst erforderliche Mindestgröße von 1 Meter 65 Zentimeter bei weitem nicht erreichte. Und mit derselben Portion Protektion schaffte er es, sogar zum Dienst beim Kaiser abkommandiert zu werden.
Nun stand der knabenhafte Oberleutnant erstmals vor seiner Majestät. Franz Joseph, wie immer in das Studium der Akten vertieft, blickte über den Brillenrand, sah nur den Kopf und die Distinktionen und herrschte den neuen Adjutanten an: ‚Herr Oberleutnant, stehen Sie sofort auf! Knien tut man nur vor Gott!'"
G. V.: „Da gibt's eine ähnliche Schnurre über einen sehr engagierten, aber auch kleinwüchsigen hohen Offizier des Bundesheers. In einer Kasinorunde sagte ein Oberst mit ernstem Gesicht zu seinen Kameraden: ‚Wißt ihr schon, daß das erste Glied des Gardebataillons vor dem Kommandanten knien muß?' Kopfschütteln unter den Stabsoffizieren. ‚Damit die Soldaten dem Divisionär ins Auge schauen können.'"

DAS SPRACHROHR

Unter den Sekretären nehmen die Pressesekretäre eine besondere Stellung ein. Wir konzentrieren uns in diesem Kapitel aber auf die Zweite Republik, denn der Kaiser hätte weder über einen Sekretär verfügt noch mit der Presse kommuniziert.
Diese Spezies Mensch ist deshalb besonders reizvoll, weil sie den engsten Umgang mit ihrem Herrn und Meister pflegt.
Oft nahmen sie im Verlauf der Jahre sogar deren Wesenszüge an: Johannes Kunz etwa, der langjährige Pressesekretär von Bruno Kreisky, ging schon mit dreißig so bedächtig wie sein Chef.

Und auch Herbert Vytiska, das Alter ego von Alois Mock, war oft schusselig und zerstreut wie sein Mentor. Nur Karl Krammer, mehr als zehn Jahre an der Seite von Franz Vranitzky, wurde nicht zum Klon. Erstens fehlte ihm die Körpergröße, und als Mensch, der sein Leben am liebsten in Beisln und Kaffeehäusern verbrachte, war ihm auch das Golfspiel fremd.
Nachdem es noch keine Präsidentin, Kardinalin und Kanzlerin gibt, sind die Schnurren über Pressesekretärinnen eher dünn gestreut. Sollten wir allerdings in zehn oder zwanzig Jahren noch ein ähnliches Buch schreiben, wären die Damen dieser Zunft wohl ein eigenes Kapitel wert.

OSKAR WERNER

H. F. M.: „Da müssen wir wohl dem Rang entsprechend in der Hofburg anfangen?"
G. V.: „Auch weil unser Kapitel ‚Treue Diener' heißt und einer der treuesten und aufopferndsten Diener seines Herrn Professor Heinz Nußbaumer, der einstige Chef der ‚Kurier'-Außenpolitik, ist. Thomas Klestil hat sein langjähriges Alter ego einmal mit folgender Anekdote selbst am besten beschrieben: ‚Während meiner Zeit als Generalkonsul in Los Angeles lernte ich den Regisseur des berühmten Filmes ‚Das Narrenschiff' kennen. Der Streifen verhalf bekanntlich dem jugendlichen Oskar Werner, dem Mann mit der wohl faszinierendsten Stimme, zum Durchbruch im internationalen Filmgeschäft.
Stanley Kramer lobte Werners Darstellungskunst in den höchsten Tönen. Als ich ihn aber fragte, ob er einen weiteren Film mit ihm plane, winkte Kramer ab: ‚Wenn ich Oskar fragen würde, machen wir Goethes Faust gemeinsam, dann kenne ich schon seine Antwort: ‚Ja, ich spiele den Faust, den Mephisto, das Gretchen und den Hund!'"

SCHREITEN

H. F. M.: „Der Vorgänger des bärtigen Professors war zwar

auch Journalist von Profession, sogar Chefredakteur der angesehenen, katholischen Wochenpostille ‚Die Furche‘, doch hatte Sektionschef Dr. Kurt Skalnik in seiner langen Dienstzeit unter Rudolf Kirchschläger den Stil der Hofburg längst verinnerlicht.“

G. V.: „Dementsprechend groß war der Temperamentsunterschied zwischen dem alten und dem neuen quirligen Pressechef.

Dem jüngeren Kollegen riet er gleich am Anfang: ‚Hier läuft man nicht, hier schreitet man!‘“

TEMPO

H. F. M.: „Heinz Nußbaumer, kurz ‚Nussi‘ genannt, der direkt von der hektischen Zeitungsredaktion in die heiligen Gemächer übersiedelte, wirbelte trotz dieses Ratschlags weiter durch die Hofburg; bis in den letzten Raum. Da konnte schon einmal eine Türe fliegen. Und so passierte denn auch auf dem stillsten Ort durch den Windzug ein kleines Mißgeschick. Des Vorgängers Rat: ‚Merke dir! Auch am WC: Sektionschefstempo!‘“

URLAUB

G. V.: „Nach der erfolgreich geschlagenen Wahl am 19. April 1998 gönnte Bundespräsident Klestil sich und vor allem seinem Team einen wohlverdienten Urlaub. Der HBP fuhr zu seinen Kindern nach Tirol, den Pressechef Heinz Nußbaumer zog es ins Ausland.

Klestil zu seinem langjährigen Schatten: ‚Könntest du nicht Urlaub in Österreich machen?‘ Nußbaumer ehrlich: ‚Schon, aber wegen dir, Herr Bundespräsident, nicht!‘“

GROSSE GESTE

G. V.: „Der letzte ÖVP-Kanzler, Josef Klaus, hatte wahr-

scheinlich den originellsten aller Pressesekretäre, den späteren Botschafter und Bundesrat Fritz Höss.
Ihn beschreibt der penible Chronist der Klaus-Ära, Professor Willi Sauberer, so: ‚. . . der nicht nur wegen seiner notorischen Unpünktlichkeit originelle Fritz Höss . . .'
Als die Wahl 1970 verloren war, räumte Fritz Höss sein Zimmer, warf alles Papier auf einen Haufen und erwartete, auf dem Papierberg stehend, den Bürodiener: ‚Räumen S' des weg, des brauch i nimmer!'
In der Tat: Fritz Höss wechselte in die Diplomatie zurück und wurde höchst erfolgreicher Botschafter in Washington und zuletzt in Bonn."

DER KNOPF

H. F. M.: „Einer, der aus einem riesigen Schatz an Anekdoten wählen kann, die noch dazu höchst politisch sind, ist der langjährige Generalsekretär der Industriellen-Vereinigung, Professor Herbert Krejci."
G. V.: „Und viele köstliche Vergleiche sind von ihm selbst. So charakterisierte er einmal den Unterschied in der Machtfülle von linker und rechter Hälfte der Sozialpartnerschaft so: ‚Wenn Anton Benya, der Präsident des Gewerkschaftsbundes auf den Knopf drückt, steht Österreichs Industrie still. Wenn Hans Igler, der Präsident der Industriellenvereinigung drückt, kommt sein Sekretär Dr. Loudon herein.'"

HORIZONT

H. F. M.: „Die Kommentare des Bürgerlichen Krejci über die bürgerliche Volkspartei könnten ein eigenes Kapitel füllen. 1987 zu seinem Verhältnis zur ÖVP gefragt, polterte K. in einem Interview los: ‚Die kassieren von uns Geld und machen uns dann gelegentlich auf den Kopf. Aber das muß man aushalten.'
Und dann noch ein Seitenhieb auf den ÖAAB, dessen Anhänger er gerne wegen deren sozialer Ader als Herz-Jesu-

Kommunisten bezeichnete: ‚Wir müssen weiter denken als andere. Unser Horizont reicht weit über Euratsfeld* hinaus, das ist unser Charme.'"

DROHUNG

H. F. M.: „Manche Minister verlassen sich vor allem auf ihre Beamten, andere wieder nur auf ihr Büro.
Im Umgang zwischen Minister, Sekretären und Beamten kann viel Porzellan zerbrochen werden. Der junge Unterrichtsminister Alois Mock wollte einmal seine altgedienten Sektionschefs beruhigen: ‚Meine Herren, gehen Sie ruhig nach Hause, mein Sekretär ist hier.'"
G. V.: „Was die Herren vermutlich alles andere als beruhigte."

DER SEKRETÄR DER PARTEI oder Der Parteisekretär

Fred Sinowatz verdanken wir den entwaffnend ehrlichen Satz, daß man ohne die Partei nichts sei. Der Freitod des Vranitzky-Sekretärs Gerhard Praschak wäre aus seiner Sicht undenkbar. Doch unter Jörg Haider sollte diese These noch verfeinert und durch drastische Beispiele angereichert werden. Dabei waren die Parteisekretäre zu Beginn der Zweiten Republik sehr geachtete Persönlichkeiten, man denke nur an Alfred Maleta oder Hermann (‚Der Eiserne') Withalm bei der ÖVP, Otto Probst oder Franz Marsch bei der SPÖ. Im aufkeimenden Medienzeitalter wurden sie dann mehr zum Kettenhund, den man losließ, um den Parteichef zu verteidigen und den Gegner zu verbellen.

---

* Geburtsort von Alois Mock

MEDICI

H. F. M.: „Wir fangen, den Lesern zuliebe, doch wieder in der Gegenwart an, wo die Namen der rasch wechselnden Spezies von Sekretären noch geläufig sind."
G. V.: „Der jüngste Wechsel fand in der SPÖ statt, als sich Viktor Klima unseren Kollegen Andreas Rudas an seine Seite holte. Die Zeitschrift ‚News' fragte den Mann, der Rudas in den ORF geholt hatte, nämlich Thaddäus Podgorski, was er von dieser Wahl halte.
Und ‚Teddy' wie immer sehr direkt: ‚Er ist sicher der richtige Mann für die Politik. Er ist ein perfekter Intrigant, der es versteht, sich unentbehrlich zu machen. Er könnte auch am Hof der Medici als ausgleichende Gestalt gelebt haben.'"

GEHSCHULE

G. V.: „Die Gehschule für angehende Jungpolitiker ist meistens die Jugendorganisation der Partei. So fingen etwa Josef Cap und Michael Häupl ihre Karriere bei den Jungsozialisten und beim VSStÖ an. Nach einer Demonstration gegen einen Aufnahmestop bei Lehrern, an der sowohl die ÖVP-nahe Studentenunion als auch die kommunistischen Studenten teilgenommen hatten, wurden Cap und Häupl zu Kreisky in

den Parteivorstand befohlen. Vor den anwesenden Journalisten machte sie der Altvater der Partei nieder, wie sich Michael Häupl heute noch mit Schrecken erinnert: ‚Nie in meinem Leben vorher und nachher hat jemand mit mir so geschrien. Doch dann kam der ‚Muttervogel‘ der Partei in Gestalt der Hertha Firnberg und hat uns beruhigt: ‚Der Bruno hat das net so gemeint. Tuat's ruhig weiter demonstrieren.‘“

DISCOBOYS

H. F. M.: „Bei den Blauen wird das sicher anders sein. Die legen ja Wert darauf, keine Altpartei zu sein.“

G. V.: „Als Jörg Haider begann, die FPÖ durch seine Jungriege, die Herren Walter Meischberger und Gernot Rumpold, auch ‚Buberlpartie‘ genannt, zu führen, war noch sein Jugendfreund Norbert Gugerbauer Generalsekretär der Partei.

Anneliese Rohrer von der ‚Presse‘ meinte in ihrer bekannt spitzen Art zu Gugerbauer: ‚Bin ich verpflichtet, diese Buben ernst zu nehmen?‘ Worauf Gugerbauer abwinkte: ‚Die sind nicht für Sie gedacht, die sind ja für die Discos!‘“

PARTEIFREUNDIN

H. F. M.: „Wiens Bürgermeister Leopold Gratz begann seine politische Karriere als Zentralsekretär der SPÖ in der für die Sozialisten nicht einfachen Zeit der ÖVP-Alleinregierung. Und Kanzler Josef Klaus hatte erstmals eine Frau in die Regierung aufgenommen, die Christgewerkschafterin Grete Rehor, ein zarte, aber oft recht energische Person.

Auf einer Bezirkskonferenz der SPÖ in Tirol sprach ein Gewerkschafter den Genossen aus Wien an, der offenbar nicht ganz den richtigen Ton gefunden hatte, denn zu seinem Erstaunen kam folgende Bitte: ‚Du, warum schickt's uns net öfter die Genossin Rehor, die spricht so ganz, wie *wir* denken.‘“

DER BÜRGERMEISTER HAT MIR DIE HAND GEREICHT
Von Lueger bis Zilk

Von Karl Kraus stammt der Satz: „Von einer Stadt erwarte ich, daß sie Gas, Wasser und elektrisches Licht hat, gemütlich bin ich selber." Der alte Kritikaster muß wohl Maß an Karl Lueger genommen haben, denn das waren unbestritten dessen Großtaten. Wie er auf Helmut Zilks allumfassende Präsenz reagiert hätte, müssen wir offenlassen. Er hätte sich sicher kaum der Anrufe und Leserbriefe des Bürgermeisters erwehrt, die an Scharfzüngigkeit dem Herausgeber der „Fakkel" wenig nachgestanden wären. Und was hätte er erst zur medialen Omnipräsenz seines Nachfolgers Michael Häupl gesagt? Jener Mischung aus vordergründiger Freundlichkeit und hintergründiger Schlauheit. Beide aber regieren im Sinne Luegers, dem Volk aufs Maul zu schauen. Und genau dieser Helmut Zilk ließ es sich nicht nehmen, den Stuhl, auf dem Lueger gesessen ist, in seinem Arbeitszimmer aufzustellen. In einem Punkt wollen wir aber doch eine klare Trennlinie ziehen: Lueger war Antisemit, Helmut Zilk Philosemit. Wie gleich eine Geschichte beweisen soll.

AUFTRAG

G. V.: „Eine der unbestrittenen Leistungen Helmut Zilks ist die Versöhnung mit der 1938 von den Nazis vertriebenen Generation jüdischer Bürger aus Wien.

Er bediente sich dabei stets des unermüdlichen Leon Zelman, der sich dies zur Lebensaufgabe gemacht hatte.
Bei so einer Welcome-Party im großen Wappensaal des Rathauses begrüßte Zilk, schon in bester Stimmung, auch den Wiener Oberrabbiner Paul Chaim Eisenberg: ‚Da unten sitzt mein Freund der Oberrabbiner, der mit seiner bildhübschen Frau sechs Kinder gemacht hat.'
Frau Eisenberg errötet, der Oberrabbiner versucht zaghaft zu korrigieren: ‚Vier Kinder'. Was Helmut Zilk sofort in einen bürgermeisterlichen Auftrag ummünzt: ‚No, mit der hübschen Frau macht er sicher no zwa Kinder mehr.'"

ZUWANDERER

G. V.: „Herbert Hufnagel, dessen ‚Kopfstücke' im ‚Kurier' zu meiner Lieblingslektüre zählen, hat eine ähnliche Schnurre erzählt. An die 600 neue Wienerinnen und Wiener trafen einander im Rathaus zur Einbürgerungsfeier. Bürgermeister Zilk, der laut Hufnagel immer ahnt, was im Volk vorgeht, verwies in seiner Rede launig auf Österreichs ‚erfolgreichste Gastarbeiterfamilie', die aus der Schweiz eingesickerten Habsburger. Zilk selbst wurde ja früher in Journalistenkreisen auch für einen Zuwanderer gehalten. So philosophierte eines Tages sein Freund, unser unvergessener ‚Kurier'-Kollege und Spaßvogel vom Dienst Paul Popp, Zilk sehe eigentlich aus wie ein persischer Student im 44. Semester.'"

BÜRGERMEISTERIN

H. F. M.: „Zilks Nachfolger Michael Häupl hat diese Übung natürlich fortgesetzt und erlebte dabei folgendes: Es war ein Wiedersehen in Wien nach 59 Jahren. Drei Emigrantinnen aus Cleveland, die gemeinsam in der Köhlergasse in Wien-Währing die Schulbank gedrückt hatten, feierten in der alten Heimat ihren 75. Geburtstag.
Ein Kaffeeplausch beim Bürgermeister war natürlich für die drei resoluten Damen der Höhepunkt ihrer Wien-Visite.

Und wie es sich für die viel strapazierte Völkerverständigung gehört, überbrachten sie auch schöne Grüße vom Stadtoberhaupt von Cleveland, samt Stickern und Urkunde.
Häupl forsch: ‚Richten S' ihm auch einen schönen Gruß aus. Wenn ich in der Gegend bin, schau' ich gern vorbei.' Pech, daß Clevelands Bürgermeister eine Dame ist."

EIGENE SCHUHE

G. V.: „Am Anfang, gesteht Michael Häupl ehrlich, war es nicht einfach, der Nachfolger von Helmut Zilk zu sein: ‚Viele haben gemeint, nach dem Zilk schafft der das nie. Aber es war ja nie die Frage, ob die Schuhe des Helmut für mich zu groß oder zu klein waren, sondern ob ich meine eigenen Schuhe find'.'"

MITBESTIMMUNG

H. F. M.: „Als Bürgermeister hat sich Zilk bekanntlich nie an die klassische Aufgabenteilung nach Ressorts im Rathaus ge-

halten. Wo er glaubte, mitreden zu müssen, hat er es getan – meistens öffentlich."
G. V.: „Als es zum Beispiel galt, die Müllfahrzeuge der MA 48 neu zu streichen und den Müllmännern neue Overalls zu verpassen, erschien der damalige Umweltstadtrat Häupl mit fünf verschiedenen Orangetönen bei Zilk:
‚Du Helmut, das ist eine wichtige Frage, die wollen wir nicht ohne dich entscheiden.' Zilk musterte ernst den Farbenkatalog, bis er merkte, daß er ja keine echte Entscheidung mehr hatte: ‚Bleder Bua, was fragst mi, mach da des selber', war seine grollende Antwort."

SELBSTBEFRAGUNG

G. V.: „Ein besonderes Kapitel ist natürlich das Verhältnis des einstigen TV-Journalisten Helmut Zilk zu seiner Zunft. Einige Gustostückerl habe ich ja bereits den Lesern in den letzten beiden Büchern servieren können, die um so besser klingen, wenn Kammersänger ‚Honzo' Holecek den Alt-Bürgermeister unnachahmlich parodiert."
H. F. M.: „Doch auch für dieses Buch können wir ein Paradestück anbieten: 10. Jahrestag der Politischen Bildung: der ‚Kurier' bringt ein Interview mit Simon Wiesenthal, der zwar Fred Sinowatz lobt, daß er das Fach eingeführt hat, und Helmut Zilk dafür, daß er es weiterführt . . . Wiesenthal verhehlt aber nicht, daß heute kaum noch ein Schüler weiß, wer Heinrich Himmler war, nämlich der größte Menschenschlächter des 20. Jahrhunderts.
Früh am Morgen ging bei Redakteur Kotanko das Telefon: ‚Des kann i so net auf mir sitzen lassen. Mach ma a Interview.' Zaghafte Einwände des Journalisten, daß er sich doch kein Interview bestellen könne, wischt Zilk weg: ‚Des muaß natürlich so ausschauen, daß Sie mi interviewen.' Und einmal in Fahrt, ist Zilk nicht mehr zu bremsen:
‚Also, i det mi an Ihrer Stell' so fragen und so antworten: der Wiesenthal, das ist ein großartiger Mann, den kenn' i schon lang, mit dem war ich in den USA, mit der Dagi, die hat ja Amerika so gern, und Hawaii besonders, denn dort machen

wir ja immer Urlaub, und sie interessiert sich dort für a Musical, mit dem Bernstein, ja mit dem Bernstein . . .'
Kurze Atempause: ‚Sag'n S', Herr Redakteur, was hab' i mi jetzt fragen wollen?'"

STANDPAUKE

H. F. M.: „Zilks große Liebe gilt Japan. An die 25mal besuchte er Tokio, so auch im Mozart-Jahr 1991, als es galt, die musikbegeisterten Japaner aus diesem Anlaß flugzeugweise nach Wien zu karren."
G. V.: „Bei dieser Reise stand auch der Besuch einer Schule in einem Vorort der japanischen Metropole auf dem Programm, die einen Austausch, man höre und staune, mit Floridsdorf pflegt. In Tokio empfingen ihn nicht nur rot-weiß-rote Fähnchen, sondern auch eine österreichische Delegation mit drei stämmigen Stammersdorfer Heurigenmusikern. Beim Mittagessen, in traditioneller Sitte am Boden, gab einer dieser österreichischen Vorstadtcasanovas einer hübschen Geisha einen Klaps auf den Hintern.
Damit provozierte er natürlich eine bürgermeisterliche Moralpredigt des Japan-Kenners Zilk: ‚Bist deppert, du bist ja net daham, was des in Japan bedeutet, des Mädel kann deshalb von seinen Eltern verstoßen werden . . . Du wirst di do no die drei Tag beherrschen können . . .'
Der Floridsdorfer Macho hörte ungerührt zu, um am Ende des Zilkschen Redeschwalls dessen traditionelles Japan-Bild endgültig zu zerstören: ‚I wohn' eh scho bei aner.'"

ROTE PROLETEN

H. F. M.: „In Wien hat aber auch ein anderer Politiker tiefe Spuren hinterlassen, die heute von vielen schon vergessen sind."
G. V.: „Du meinst den ‚bunten Vogel' Erhard Busek?"
H. F. M.: „Ja, da müßten wir doch auch eine Anekdote haben."

G. V.: „Noch dazu eine, wo Kreisky, Zilk und Häupl mitspielen. Nicht nur Helmut Zilk, auch Michael Häupl streut nachträglich Erhard Busek rote Rosen und zitiert dabei Bruno Kreisky: ‚Bevor man zur Versöhnung schreitet, muß man vorher alle Gemeinheiten ausgetauscht haben.‘
Als Helmut Zilk mit Hans Mayr einen Versuch startete, wieder eine Koalition mit der ÖVP unter Busek auf die Beine zu bringen, waren die Jungen in der SPÖ dagegen. Häupl erinnerte auf einem Parteitag, daß Busek einst der Ansicht war: ‚Die Donauinsel is eh nur da, damit die roten Proleten ihre Hund' ausführ'n!‘ Damit war die Annäherung gestoppt.
Heute streut Häupl Busek rote Rosen: ‚Schade, daß man für so einen vielschichtigen und weitsichtigen Politiker keine passende Aufgabe findet.‘“

MAYRS RAT

G. V.: „Dieses Buch wäre wahrlich unvollständig, wenn wir auf den Mann vergessen würden, der großen Anteil am Erfolg Helmut Zilks hatte: Hans Mayr, der ‚Zwilling‘ des ‚Helmerl‘ und legendäre Finanzchef der Stadt Wien.
Als es Ende der achtziger, Anfang der neunziger Jahre darum ging, mit den einstigen kommunistischen Staaten den durch den Eisernen Vorhang zerrissenen Lebensfaden neu zu knüpfen, warnte Mayr unablässig davor, wie die deutschen Kolonialherren im Osten aufzutreten.
Und zum besseren Verständnis erzählte er eine wahre Begebenheit, die er von einem Priester gehört hatte. Dessen Vater war kaiserlicher Offizier und wurde dementsprechend oft in die unterschiedlichsten Teile der Monarchie versetzt. Seine Frau bemühte sich, in jeder Garnison sofort Kontakte zu knüpfen, besuchte die Damen und brachte Geschenke mit. Doch die Wirkung blieb aus. Bis sie sich einmal der erfahrenen Gattin des Regimentskommandanten anvertraute: ‚Was mache ich falsch?‘ – ‚Alles‘, war die niederschmetternde Antwort.
‚In der Provinz sieht man es nicht gerne, wenn man zeigt, was man hat. Machen Sie es umgekehrt. Gehen Sie zu den Da-

men, und sagen Sie ruhig: Heute ist Sonntag, und ich habe vergessen, Eier zu besorgen. Können Sie mir aushelfen? Dann werden Sie Kontakt finden!'
So war's auch.
,Und so müssen wir vorgehen', meinte Mayr. ,Nicht wir schicken ihnen im Mozart-Jahr die Philharmoniker nach Prag oder nach Budapest. Wir fragen sie: Habt ihr nicht ein Mozart-Quartett, das uns beim Mozart-Fest in Wien unterstützen kann? Grad in der Situation muß man höllisch aufpassen, daß man deren Stolz nicht verletzt.'"
H. F. M.: „Vielleicht hätte Mečiar sein Atomkraftwerk nicht aufgesperrt, wenn wir so nach Mayrs Rat vorgegangen wären."

ALTAR UND THRON
Über Kardinäle, Bischöfe und Äbte

In einem katholischen, manche würden sogar sagen erzkatholischen Land darf ein Kapitel über das Verhältnis der Kirche zu den Mächtigen nicht fehlen. Franz Joseph fühlte sich mehr als jeder andere Herrscher seiner Zeit als katholischer Fürst, und selbst Bruno Kreisky, der jüdische Agnostiker sah seine vornehmste Aufgabe darin, den Bruch zwischen Kirche und Sozialdemokratie, der noch aus der Zeit des Prälaten ohne Milde, Bundeskanzler Ignaz Seipel, herrührte, zu kitten. Kreisky schloß Frieden mit dem oft als „roter" Kardinal denunzierten Wiener Erzbischof Franz König. So machte denn auch in der Amtszeit Rudolf Kirchschlägers im benachbarten Deutschland der Satz die Runde: „Was ist das für ein Land, in dem der Kardinal Politik macht und der Bundespräsident predigt."
Den Rest bis zur Gegenwart füllten die Herren Groer und Krenn, und das bot recht unterschiedlichen Stoff zum Lachen.

BEWERBUNG

H. F. M.: „Am besten fangen wir ganz oben an, beim Papst."
G. V.: „Hast du sogar Anekdoten über den Papst gesammelt?"
H. F. M.: „Es geht mehr darum, wer aller Papst werden wollte. Zum Beispiel ORF-Intendant Kurt Bergmann. Als der nämlich 1998 gefragt wurde, ob er sich um das Amt des ‚TschiEis' bewerben wolle, meinte er selbstsicher: ‚Ich be-

werbe mich sowohl um die Papstwürde als auch um den ORF-Generalintendanten. Derzeit sind aber meine Chancen in Rom besser.'"
G. V.: „No, vielleicht stirbt in den nächsten vier Jahren der Heilige Vater."

SUPERMOTIV

G. V.: „Der erste österreichische Kardinal, der mit der Welt der Medien zu tun bekam, war Theodor Innitzer, der alle politischen Machtwechsel überlebt hatte; vom Ständestaat ins Hitler-Reich und zurück ins Österreich der Zweiten Republik. Damals gab es allerdings noch kein Fernsehen, aber schon die Austria-Wochenschau. Und deren Kameramann Hans Imber war ein besonders einfallsreicher Typ, was die Wahl seiner Motive betraf.
So rätseln Kollegen bis heute, wie es ihm gelang, bei der Messe für den wiedererstandenen Stephansdom die Rückseite des Hochaltars abzuschrauben. Als nämlich Kardinal Innitzer die reich vergoldete Tabernakeltüre öffnete, blickte er über die Monstranz hinweg ins Gesicht des Kameramannes. Innitzer war wie vom Blitz getroffen und schien die Fassung zu verlieren.
Imber, da kurzsichtig, den Brillenbügel im Mund, zischte zwischen den Zähnen hindurch: ‚Lächeln! Eminenz! Lächeln!'"

HARDWARE

H. F. M.: „Jetzt aber von zwei recht unterschiedlichen Medienstars der Kirche, dem Fernsehkaplan August Paterno und dem St. Pöltner Bischof Kurt Krenn."
G. V.: „Bei einem Empfang im erzbischöflichen Palais in Wien bemühte sich Krenn, den Gästen den Unterschied zwischen ihm und dem Vorarlberger Wanderprediger zu erklären: ‚Das ist der Kaplan Paterno, die Software der Kirche, und ich bin die Hardware.'"

LICHTERL

G. V.: „Der vertrauliche Scherz trügt natürlich. S. E. nahm dem einfachen Kaplan (Selbstdefinition) seine mediale Omnipräsenz schon übel. An einem der vielen Höhepunkte der öffentlichen Diskussion um die Rolle Kurt Krenns beklagte er sich bei seinem journalistischen Vertrauten, Hubert Wachter von ‚News':
‚Der Gustl, der derf überall seine Lichterln anzünden, aber wann i kumm und die Wahrheit sag', muß i mein Kopf hinhalten. Und des ist net imma so lustig wie beim Gustl.'"

WETTBEWERB

H. F. M.: „Lange ehe die Affäre Groer denkbar war, in einer Zeit, als es noch kein Fernsehen gab, veranstalteten die Redakteure der ‚Presse' einen Wettbewerb. Aufgabe war es, den unauffälligsten Titel für die sensationellste Meldung zu erfinden. Vorgabe: Ein Wiener Kirchenfürst wird auf offener Straße bei unsittlichen Handlungen verhaftet.
Den ersten Preis gewann der Titel: ‚Aus dem hohen Klerus'."

MAFIA

G. V.: „Dann tauchte im Jahr 1986, für die Branche völlig überraschend, der Name eines weitgehend unbekannten Wallfahrtspfarrers aus Maria Roggendorf bei Hollabrunn als wahrscheinlicher Nachfolger des Alt-Kardinals Franz König auf. Dieter Kindermann von der ‚Krone' warf sich sofort ins Auto, fuhr nach Hollabrunn und traf den Pater Hermann in seinem Direktionszimmer. Der vertraute dem Verdatterten gleich folgende Botschaft an: ‚Herr Redakteur, die Mafia will mich ermorden!'"

GEWOLLT

H. F. M.: „Es ist ja viel darüber gerätselt worden, von wem der entscheidende Hinweis kam, der Benediktinerpater und Marienverehrer Groer sei der richtige Mann, das Erbe eines Kardinal Franz Königs anzutreten.
Beim Papstbesuch 1988 verabschiedete sich der heimische Klerus am Innsbrucker Flughafen vom Pontifex.
Besonders herzlich schien der Abschied von Erzbischof Groer; der von Weihbischof Krenn hingegen ausgesprochen

beiläufig. Ein Vatikanexperte zog daraus einen bemerkenswerten Schluß: ‚Den Groer hat der Papst gewollt, der Krenn ist ihm passiert.'"

TUGENDHAFT

G. V.: „Als Kurt Krenn, für viele ebenso überraschend wie schon zuvor sein Chef Hans Hermann Groer, zum Weihbischof der Erzdiözese Wien ernannt worden war – zuständig vor allem für Kultur und Medien –, organisierte ein bekannter katholischer Journalist ein gegenseitiges Kennenlernen mit zwei prominenten Chefredakteuren und deren Ehefrauen. Die Damen waren, wohl wegen der sommerlichen Hitze und sicher nicht in anderer Absicht, ziemlich ‚durchsichtig' gekleidet, was den schlagfertigen Theologen zu folgendem Trinkspruch animierte: ‚Auf diese tugendhaften Frauen!'"

APOSTEL

G. V.: „Unser Kollege Peter Millard wurde in Rom einmal Zeuge zeitgeistiger Direktheit eines Wieners. Kardinal Hans Hermann Groer war eben vor der österreichischen Botschaft beim Heiligen Stuhl in seiner großen, schwarzen Limousine mit dem auffälligen Kennzeichen W 25 vorgefahren. Als Millard, der dem Erzbischof eine kleine Wortspende abgerungen hatte, auf Wiener Urlauber stieß, meinte einer: ‚Sie kenan anscheinend den Herrn. Sagen S' eam des nächste Mal, die Aposteln san no z'Fuaß ganga!'"

NACHHILFE

H. F. M.: „Übrigens wurde auch Schönborns Vor-Vorgänger, Kardinal Franz König, Gegenstand einer trefflichen Anekdote.
Vor dem ersten Besuch des Papstes in Österreich im Jahr 1983 empfing König Journalisten in seiner Sommerresidenz

in Wien-Ober St.Veit. Ein kleiner gepflegter Garten mit rotleuchtenden Pelargonien. ‚Wollen Sie sehen, wie ich dem heiligen Franz von Assisi nacheifere?‘ fragte er schmunzelnd und streckte seinen Arm mit der Handfläche nach oben aus.
Nichts rührte sich. König legte einige Nüsse auf seine Hand – und schon kamen Meisen und Sperlinge angeschwirrt, pickten ihm aus der Hand. ‚Auch ein Kardinal muß manchmal nachhelfen‘, lachte König über seine Franz von Assisi-Darstellung.“

NACHFRAGE

G. V.: „Es wird immer wieder behauptet, daß Kardinal König bei der Wahl von Karol Wojtyla zum Papst eine entscheidende Rolle gespielt hat. König selbst hüllt sich darüber in eisernes Schweigen, erzählt aber, wie sich sein erstes Gespräch mit dem neuen Papst abgespielt hat. Johannes Paul II. fragte scherzend: ‚Sagen Sie, wie war das nun bei der Wahl?‘ Kardinal König lächelnd: ‚Das weiß nur der liebe Gott. Sie müssen ihn selbst fragen.‘“

PAPABILI

H. F. M.: „Schon nach dem Tod von Papst Paul VI. zählte König zu den Papabili. Es wurde aber schließlich der Patriarch von Venedig, Albino Luciani, zum neuen Papst gewählt und lebte als Johannes Paul I. bekanntlich nur knapp vier Wochen.
Als die Kardinäle ihrem neuen Oberhaupt auf dem Petersplatz die Reverenz erwiesen, kam es zu einer Episode, die bisher kaum bekannt ist. Albino Luciani beugte sich zu Franz König und flüsterte ihm ins Ohr: ‚Sie wissen ja, daß Sie heute auf diesem Stuhl sitzen sollten.‘ Und der Wiener Oberhirte schüttelte lächelnd den Kopf: ‚Ich habe immer gesagt, ich bin nicht aus dem Holz geschnitten, aus dem Päpste gemacht werden.‘“

EINTRITT VERBOTEN

G. V.: „Einer der letzten barocken Äbte dieses Jahrhunderts war Prälat Wilhelm Zedinek vom Benediktinerstift Göttweig. Wegen der prächtigen Lage hoch über dem Donautal stand seine Abtei oft auf dem Reiseprogramm hoher und gekrönter Staatsgäste. Als einmal bei einer Stiftsführung die Zeit der Gäste knapp wurde, nahm Zedinek eine Abkürzung durch die Klausur, an deren Tür stand: ‚Eintritt für Frauen strengstens verboten.'
Als die weiblichen Gäste zögerten, meinte der Abt schmunzelnd: ‚Geht's doch weiter. Wer a Frau ist, bestimm i!'"

TROCKENBEEREN

G. V.: „Der Abt verkündete gern: ‚Jeden Menschen kann man auch mit dem Wein vergleichen.' Mitte der sechziger Jahre kam die Seniorchefin des mächtigen deutschen Flick-Konzerns mit einer Damenrunde nach Göttweig zu Besuch. Auf die neugierige Frage von Frau Flick, für welchen Wein er sie halte, taxierte sie der geistliche Herr und meinte dann, wenig charmant: ‚Trockenbeer-Spätlese.'"
H. F. M.: „Aus der Sicht des Winzers ist das allerdings eine besondere Rarität."

VORSTELLUNG

G. V.: „Im Göttweiger Stiftskeller steht ein prächtig verziertes Faß, das dem legendären Abt geweiht ist.
Der gegenwärtige Pächter, der Unternehmer Wolfgang Unger, stellt bei Kellerführungen den verstorbenen Prälaten so vor: ‚Er liebte den Wein, die Frauen und die Kirche – und zwar in dieser Reihenfolge.'"
H. F. M.: „Kommentar eines anderen Prälaten dazu: ‚Über den Wein ist er aber meistens nicht hinausgekommen.'"

MOLKEREI

G. V.: „Noch bevor Papst Johannes Paul im Juni 1998 zu seiner dritten Visite nach Österreich aufbrach, weilte ein Amtsbruder einer viel kleineren Kirche am Donaustrand, der Papst der koptisch-orthodoxen Kirche, der 117. Nachfolger des heiligen Markus, Papst Schenuda III. Programmpunkte waren, wie bei fast allen hohen ausländischen Gästen, die Wachau, das Schloßhotel Dürnstein und eine Weinprobe. Der Kirchenfürst aus dem fernen Alexandria lehnte dankend ab: ‚Wir trinken keinen Wein.'
Nachher meinte der Gastgeber, Propst Maximilian Fürnsinn: ‚Es wär' g'scheiter g'wesen, wir hätten a Molkerei besucht.'"

HEILIGER GEIST

H. F. M.: „Die großen Äbte der niederösterreichischen Stifte Melk, Göttweig und Klosterneuburg waren nicht immer einer Meinung. Und oft kam es zu recht kontroversiellen Disputen. Nach so einer Sitzung meinte einmal Abt Zedinek: ‚Ja, ja! Jeder Mensch hat einen Vogel. Nur die Prälaten glauben, der ihrige ist der Heilige Geist!'"

VERSEHEN

G. V.: „Zum Schluß noch eine Geschichte, bei der Kirche und Medizin zusammenspielen. Hast du da nicht etwas?"
H. F. M.: „Ja, wie meist bei mir aus der k.u.k. Marine. Se. Eminenz der Herr Feldbischof besucht das Marinespital in Pola und erkundigt sich am Bett des Schwerkranken nach dem Befinden des Patienten. Schnell gefaßt erwidert ihm der Marinestabsarzt: ‚Eminenz, der Kranke befindet sich bereits wohler; sollte er jedoch rückfällig werden, lasse ich ihn sofort wieder beichten und versehen.'"

AUS BURG UND OPER
Von Mahler bis Peymann

Ein österreichisches Anekdotenbuch ohne ein eigenes Kapitel über die beiden Staatsbühnen am Ring – die Josefstadt nicht zu vergessen sowie die Bühnen für das „Volk" an der Zweierlinie und am Gürtel, schließlich die Kammerspiele und das Akademietheater, so ein Buch ist wie ein Gulasch ohne Saft oder Würstel ohne Senf – beides nehmen auch vornehme Besucher nach den Aufführungen in den beiden Musentempeln als Stärkung zu sich, egal ob aus Begeisterung oder aus Frust. Die Ernennung, oder besser gesagt, die Spekulationen um die Person eines neuen Opernchefs oder des Direktors der Burg schlagen in Wien medial spielend jeden noch so gewaltigen Koalitionskrach. Erstaunlich, daß diesen Umstand erst Viktor Klima erkannt hat, der die Kunst zur Chefsache erklärte. Oder war seinen Vorgängern einfach das Terrain zu heiß?

INTRIGIERT

H. F. M.: „Fangen wir gleich bei Gustav Mahler an. Als er 1897 an die Wiener Hofoper kam, schrieb Karl Kraus: ‚Der neue Dirigent soll bereits so effektive Proben seines Talents abgelegt haben, daß schon fleißig gegen ihn intrigiert wird.'"

SCHLAMASSEL

G. V.: „Es hat sich seither nichts geändert. Dieser Tage hat ihn sein x-ter Nachfolger im Amt, der einstige rumänische Flüchtling Ioan Holender, an Direktionsjahren, nämlich

zehn, eingeholt. Und auch an dessen Anfang stand der Rufmord. Sigrid Löffler, damals noch die scharfzüngige Kulturkritikerin des ‚Profil' und in mancher Überreaktion Karl Kraus nicht unähnlich, über Holenders Bestellung: ‚Der Weg ins Schlamassel ist vorgezeichnet.'"

H. F. M.: „Er wird einer der am längsten amtierenden Chefs am Ring werden."

G. V.: „Marcel Prawy hat uns allerdings jüngst verraten, was die eigentlichen Pläne Holenders sind: ‚Ich habe den Verdacht, er will nicht Direktor der Met in New York werden, sondern König von Rumänien. Sicherlich wird er für seine Krönungsfeier gute neue Sänger entdecken.'"

SÄGEN

G. V.: „Am Sessel seines Vorgängers Drese wurde schon gesägt, als der neue Direktor noch nicht einmal im Haus war. Prawy hat das so kommentiert: ‚So viele Sägen kann es gar nicht geben, um den Bedarf der Sägenden zu decken.'"

FALSCH

H. F. M.: „Wien war aber immer so. Der Übergang von der k.u.k. Hofoper zur späteren Staatsoper vollzog sich unter der Doppeldirektion von Richard Strauss und Franz Schalk, die ihr Amt im November 1918 antraten.
Gegen die Bestellung von Richard Strauss hatte es heftige Intrigen gegeben; er war aber vor Wien schon mit dem Hinweis gewarnt worden, daß dort die Leute so falsch seien. Der Meister nachsichtig: ‚Falsch san die Leut überall. Aber in Wien san s' so angenehm falsch.'"

WOTAN

G. V.: „Dazu paßt ideal eine Geschichte über eine zweite, nicht minder prominente Doppel-Direktion. 1956 übernahm ein mehr als ungleiches Paar die Führung am Ring: der jugendliche Nachfolger Furtwänglers als Chefdirigent der Berliner Philharmoniker, Herbert von Karajan, und der erfahrene Verwaltungsjurist Egon Hilbert. In Wien hatte man für dieses seltsame Gespann zweier eigenwilliger Persönlichkeiten bald ein Scherzwort parat: ‚Die unheimliche Ehe'. Sie hielt erstaunlich lang – bis 1964. Dann ging die unheimliche Ehe endgültig auseinander, und Herbert von Karajan exilierte nach Salzburg. Dort hat er seine Meinung über die Zustände in der Bundeshauptstadt anläßlich einer Inszenierung des ‚Ringes der Nibelungen' in folgenden Vergleich gekleidet:
‚Der Wotan ist eigentlich ein typischer Wiener. Erstens: Er redet viel. Zweitens: Er arbeitet wenig. Drittens: Er wird schnell müde. Viertens: Er hält keine Verträge.'"

GESCHLECHTSKRANKHEIT

H. F. M.: „Weil wir gerade beim Abrechnen sind. 1997, am Ende des Salzburger Festspielsommers, rechnete ‚il Professore' Prawy mit Intendant Gerard Mortier ab, der ihn wieder knapp vorher als ‚Giftschlange' hingestellt hatte.

‚Marcello' süffisant: ‚Ein Konzertzyklus dieses Herrn trägt den schrecklichen Namen ‚Zeitfluß', der mich fatal an eine Geschlechtskrankheit erinnert, gegen die auch kein Penicillin mehr hilft . . .'"

ZU SPÄT

H. F. M.: „Marcel Prawy wurde natürlich für alle Positionen im Musikleben gehandelt, als Direktor der Volksoper genauso wie als Direktor des großen Hauses am Ring. Geworden ist er es nicht, wohl aber 1976 Chefdramaturg der Wiener Staatsoper. Als er 1996/97 Unterlagen für sein Buch ‚Marcel Prawy erzählt aus seinem Leben' sammelte, stieß er auf eine Tagebucheintragung seines Mentors, des damaligen Leiters der Bundestheaterverwaltung, Ernst Marboe: ‚17. Feber 1956, Prawy wird als Direktionsrat eingestellt.'
Dazu P. im Originalton: ‚Danke schön! Mit wem soll ich jetzt die fette Gagen-Nachzahlung für die vierzig Jahre besprechen?'"

BIOLOGISCH

H. F. M.: „In einem Kapitel wie diesem darf der Peymann nicht fehlen. Den haben ja auch viele in Grund und Boden kritisiert."
G. V.: „Und echt weh tut die Kritik nur, wenn sie aus der progressiven und nicht aus der konservativen Ecke kommt. Frank Castorf, der Theater-Radikale aus der verflossenen DDR, wand Peymann folgenden verbalen Dornenkranz für seine Zeit in Berlin: ‚Wer zu lange im Wiener Luxus gelebt hat, dem fehlt die Kämpferqualität. Wollen ist zuwenig – man muß auch können. Sechzig Jahre signalisieren ein gewisses biologisches Ende. Ich hoffe, daß er zumindest das Ende seiner Intendanz erlebt.'"

HIMMELVATER

G. V.: „In einer seiner ersten Pressekonferenzen wurde Peymann daran erinnert, daß er inzwischen seine Ansicht über Wien und das Burgtheater ein wenig geändert habe. Peymanns Replik: ‚Ich finde das ja positiv, wenn ein Mensch seine Meinung ändert.'
Das letzte Wort hatte noch nicht seine Lippen verlassen, als ein furchtbares Donnern vom nahen Ring zu hören war.
Peymann schlagfertig: ‚Das war ein Gruß vom Himmelvater. Wir sollten das Thema doch lieber einschränken.'"

ERSATZ

G. V.: „Peymann beschäftigte mehr als jeder andere Künstler die Debatten im Hohen Haus am Ring.
Zuletzt, nach dem von ihm forcierten umstrittenen Auftritt des Aktionisten Otto Mühl, attackierte FPÖ-Chef Jörg Haider Kanzler Klima wild mit dem Vorwurf, er begünstige einen Kinderschänder.
Bei einer Kulturdebatte im Feber 1995 gab es ähnlichen Zoff. Auf die Anfrage der Freiheitlichen hin, ‚Wie weit darf Ihrer

Ansicht nach der Direktor eines Staatstheaters bei der Verunglimpfung seines Publikums gehen?', stellte SPÖ-Bundesgeschäftsführer Josef Cap die Frage: ,Wie weit darf ... Haider bei der Verunglimpfung der Republik ... gehen?' Lang anhaltender Applaus. Caps Nachredner, ÖVP-Kultursprecher Franz Morak, machte sogar Cap das Angebot, er werde sich im Burgtheater karenzieren lassen. Für die freiwerdende Stelle werde Cap nach diesem Vorsprechen im Burgtheater offene Türen einrennen.'"

ERLEBNIS

H. F. M.: „Hat Peymann eigentlich einmal erzählt, was sein aufwühlendstes Erlebnis in Wien war?"

G. V.: „Du wirst es nicht glauben: es war nach seinen Aussagen der Papstbesuch. Im Juni 1998, bei der letzten Papstvisite, steht der Herr der Burg mit Co-Direktor und Dramaturgin an der Balustrade und winkt dem Papst zu. ‚Und der hat mich gesehen und heraufgewinkt', strahlt Peymann, ‚das war das größte Erlebnis meiner Burgtheaterdirektion!'"

MENSCHLICH

G. V.: „Es gibt aber auch ein völlig anderes Peymann-Bild, das wir der Fairneß halber wohl auch zeichnen sollten."
H. F. M.: „Einer der Lieblingsschauspieler des Herrn am Ring, Wolfgang Gasser, der mit seiner Paraderolle in Thomas Bernhards ‚Heldenplatz' viel zum Ruhm des deutschen Provokateurs beigetragen hat, erzählte sie zu seinem 60. Geburtstag: ‚Bei seinem ersten Auftreten vor dem Ensemble blieb Peymann kurz stehen, fragte nach dem Örtchen und meinte zu mir: ‚Sie können sich gar nicht vorstellen, wie aufgeregt ich bin.' Auch das war der wilde Mann aus Bochum, meint Gasser."

STÖRUNG

G. V.: „Umbrüche gab's ja auch zu anderen Zeiten, wie mir der Ehemann deiner langjährigen Kollegin Ursula Stenzel berichtet hat.
Bei den Salzburger Festspielen ‚vergriff' sich sogar einmal der Sohn an des Vaters Regiekonzept – Gottfried Reinhardt inszenierte den ‚Jedermann' mit Hilfe eines Kostümbildners aus Hollywood ganz im Stile eines Hieronymus Bosch.
Nach der Generalprobe fragte Heinrich Schweiger, der den Teufel spielte und mittels eines Trampolins auf die Bühne katapultiert wurde, einen alten Billeteur, der schon alle Jedermänner gesehen hatte, wie ihm denn dieser gefallen habe: ‚Sehr interessant, sehr interessant', meinte der alte Kiebitz, um nach einer kurzen Pause ein geradezu klassisches Urteil zu fällen: ‚Nur der Dom stört!'"

DER PROZESS

H. F. M.: „Du kommst jetzt sicher mit *dem* Prozeß: Weigl contra Dorsch, den du ja bereits einmal ausführlich beschrieben hast."

G. V.: „Nein, denn den kennen ausgefuchste Leser von Anekdotenbüchern ja schon meist. Ich hab' von Heinrich Schweiger *seinen* Prozeß erzählt bekommen, und der hatte mehr als nur eine Ohrfeige zum Anlaß:

Otto Schenk blödelte mit Heinrich Schweiger und nahm das auch noch auf Tonband auf; Absurdes und auch Zweideutiges. Auf einer Party spielte Schweiger das Band vor, warnte aber vorher, es sei nicht ganz jugendfrei.

Ein junger Mann empörte sich trotzdem: ‚Unerhört, so etwas Ordinäres, Schauspielergesindel . . .' Mehr hatte er nicht gebraucht. Schweiger geriet in Rage; es kam zu einem heftigen Zweikampf. Am Ende fehlte dem Jungmimen ein Zahn, der Gegner trug einen gebrochenen Finger und eine Bißwunde an der Hand davon.

Das Ganze hatte ein gerichtliches Nachspiel. Der junge Mann klagte Schweiger wegen Körperverletzung; er hätte wegen des Vorfalls nicht zeitgerecht zur Matura antreten können. Die Zeitungen waren voll mit der Affäre: ‚Junger, aufstrebender Burgschauspieler beißt bei Party jungen Mann.'

Der Richter wollte natürlich wissen, was denn Anstößiges auf dem Tonband gewesen sei, das den jungen Mann so erzürnt hatte. Michael Janisch, der spätere TV-Kommissar, der als einer der Zeugen geladen war, ebenso wie Helmut Lohner und Bruno Dallansky, meinte ehrlich: ‚No ja, Arsch und so . . .'"

H. F. M.: „Angesichts dessen, was heute so auf einer Bühne alles gesagt wird, kann man sich diese Aufregung absolut nicht vorstellen. Und wie ging der Prozeß aus?"

G. V.: „Glatter Freispruch. Nur der Otti Schenk war etwas betrübt, da Schweiger das Band noch vor dem Prozeß gelöscht hatte: ‚Schade', meinte der Schenk, ‚dabei warn wir so guat!'"

CHAUFFEUR

G. V.: „Eine köstliche Anekdote über einen der größten Schauspieler des Nachkriegsösterreich sollten wir nicht vergessen, über Josef Meinrad und seinen Rolls-Royce.
Josef Meinrad, dieser herrliche Darsteller der Nestroy- und Raimundfiguren und Träger des Iffland-Ringes, genoß das Privileg, wie Herbert von Karajan bei den Salzburger Festspielen auf dem kleinen Parkplatz direkt neben dem Festspielhaus parken zu dürfen. Einmal kam Meinrad zu einer Probe zu spät und entschuldigte sich, sein Parkplatz sei besetzt gewesen, und da er den Rolls-Royce ja nicht irgendwo parken könne, habe er in eine Garage fahren müssen. Helmut Qualtinger quittierte dies mit der Bemerkung: ‚Wann er wirklich reich wär', hätt' er an Chauffeur.'"

DEIN PRÄSIDENT

G. V.: „Was soll der ‚Joschi' Holaubek da hinten bei den Künstlern?"
H. F. M.: „Auch ich habe geglaubt, der legendäre Satz gegenüber dem Stein-Ausbrecher Schubirsch: ‚Ich bin's, dein Präsident' ist ein Unikat. Bis ich kürzlich folgende köstliche Schnurre erzählt bekommen habe. Der unvergessene Schauspieler und Komiker Richard Eybner war, was wenige wissen, auch langjähriger Präsident der ‚Katzenfreunde'.
Und bei einer Prämierung wurde Eybner ein süßes, kleines, schwarzes Kätzchen gereicht, das in seinen Händen sofort zu kratzen und zu beißen anfing. Eine Zeitlang versuchte der gütige Kammerschauspieler das junge Viecherl zu beruhigen, als das aber nicht gelang, gab er ihm einen Klaps und sagte streng: ‚Jetzt hörst aber auf! Ich bin's, dein Präsident!'"

DAS HOHE C

Vor lauter Berühmtheiten von der Bühne haben wir bisher ganz auf die Sänger, und vor allem auf die Sängerinnen vergessen. Aber mit wem fangen wir an?
Sie werden vielleicht sagen: No, da kann's doch keinen Zweifel geben, mit Leonie Rysanek, deren Karriere mit 46 Jahren auf der Bühne wahrlich rekordverdächtig war und die 1998 verstorben ist, noch bevor sie dem Präsidentenamt der Wiener Festwochen hätte neuen Glanz geben können.

MARONIBRATER

H. F. M.: „Sie war 1955 schon bei der Wiedereröffnung der Wiener Staatsoper beim Fidelio dabei – aber nicht im Haus, sondern bei einem Maronibrater am Ring.
Die Rysanek: ‚Das werde ich nie vergessen, das hat mich ungeheuer beeindruckt. Der hatte sich einen Ständer dort hingestellt mit dem Klavierauszug vom Fidelio und hat dabei seine Maroni verkauft. Wo gibt es so etwas auf der Welt, einen Maronibrater, der den Fidelio-Auszug liest.'"

FRÜHE LIEBE

G. V.: „Einer, der von der Rysanek schon in frühester Jugend entflammt war, ist niemand Geringerer als Kammersänger Heinz Zednik: ‚Also mit der Leonie verbindet mich etwas, was sie gar nicht weiß. Hier in diesem Haus war ich am Stehplatz irgendwo da oben und habe sie in den diversen Rollen gesehen und war in sie verliebt.
Ich war damals ungefähr zwölf, und sie hat mir so wahnsinnig gut gefallen. Sie war, wie man auf gut wienerisch sagt, so eine g'stellte Gretl. Dann war ich plötzlich ihr Kollege, besser gesagt, ich durfte ihr Kollege sein. So kamen wir uns näher und näher, und dann kam es einmal zum großen Moment, wo sie gesagt hat: ‚Burli, du bist so nett, also sind wir per du.'"

PROVINZ

G. V.: „So wie Heinz Zednik aus der vielgeschmähten ‚Provinz' aus Graz an das Haus am Ring gekommen ist, haben auch viele andere, heute prominente Stars ihre ersten Schritte in kleineren Städten getan. Als Marcel Prawy den damals schon erfolgreichen Peter Minich an die Volksoper verpflichtete, meinte eine Direktionsrätin im Hinblick darauf, daß dieser seine Karriere in St. Pölten begonnen hatte: ‚Jetzt wird unsere Volksoper, die einmal Staatsoper war, jedem Provinzjockel ausgeliefert.'"
H. F. M.: „Hoffentlich hat sie ihren fatalen Irrtum noch erlebt."

PROPHEZEIUNG

H. F. M.: „Als am 14. Oktober 1888 das neue, von Carl Hasenauer und Gottfried Semper errichtete neue Burgtheater eröffnet wurde, waren die Erwartungen an das neue Haus groß, wurden aber mehr als enttäuscht. Das Problem war die schlechte Akustik, und auch die Sicht ließ auf vielen Plätzen zu wünschen übrig.
So machte bald folgender Spottreim in Wien die Runde: ‚Im Parlament hört man nichts, im Rathaus sieht man nichts, und im Burgtheater sieht und hört man nichts.'"
G. V.: „Und wie haben die Architekten darauf reagiert?"
H. F. M.: „Gottfried Semper meinte fast seherisch: ‚Jedes Theater muß nach 60 Jahren entweder umgebaut werden, oder es brennt ab!'"
G. V.: „Die Prophezeiung ist ziemlich genau eingetroffen. 1945, nach 57 Jahren, brannte das Burgtheater nach einem Bombentreffer aus."

ZU SPÄT

G. V.: „Zu den berührendsten Theatergeschichten zählt wohl die folgende, denn sie umspannt drei Theatergenerationen.

Der 18jährige Jungschauspieler Christian Futterknecht hat eben die Aufnahmeprüfung ins Reinhardt-Seminar geschafft, als er in einer Runde die Bekanntschaft des legendären Willi Forst, des Lieblings unserer Mütter aus unzähligen UFA-Filmen, macht. Und der erinnert sich sofort an seine eigenen Erfahrungen mit dem Theater, als er 15jährig, damals noch Wilhelm Anton Frohs heißend, 1918 beim Bühnentürl des Hoftheaters auf den bereits todkranken Alexander Girardi wartet, in der Hoffnung, dem großen Meister einmal das Zigarrl anzünden zu dürfen. Und der 68jährige Girardi sieht das Leuchten in den Augen des Willi Frohs, als er ihm Feuer gibt: ‚Bua, geh' net zum Theater', will er ihn warnen, ‚aber i glaub', es is eh scho' z'spät.'“

AUFGEWECKT

G. V.: „Für viele Politiker ist ja ein Opernbesuch weniger ein Kunstgenuß als vielmehr eine Atem-, oft auch Schlafpause im prallvollen Terminkalender.
So passierte es auch dem früheren Verteidigungsminister Georg ‚Schurl' Prader, daß er während einer Aufführung zu Ehren von Marschall Tito einschlief.
Plötzlich stupste ihn seine Gattin: ‚Schau, Georg, der General Rüling ist eingeschlafen!'
Prader brummig: ‚Deswegen hätt'st mich ja net aufwecken brauchen.'“

NÜCHTERN

H. F. M.: „Eine ähnliche Geschichte wird übrigens auch von Kronprinz Rudolf erzählt. Der hat sich einmal in Bad Ischl beim gemeinsamen Theaterbesuch der kaiserlichen Familie verspätet. So kam er erst nach dem Beginn der Vorstellung vor der Hofloge an und fragte den Logenschließer: ‚Ist Seine Majestät schon da?'
Der vergißt verdattert auf das Hofzeremoniell und gibt sich jovial: ‚Jawohl, der Herr Papa ist schon da.'

Kronprinz Rudolf, empört über diese Respektlosigkeit: ‚Ist Er wohl betrunken?‘
Der Billeteur verständnislos: ‚Davon hab’ ich eigentlich nichts bemerkt. Jedenfalls ist er grad und aufrecht hineingegangen.‘“
G. V.: „Was ist eigentlich dem Logenschließer passiert?“
H. F. M.: „Die vollständige Wahrheit überliefert die Anekdote nie.“

TAUWETTER

H. F. M.: „Im Café Kammerspiele sitzen ein paar trübsinnige Schauspieler der Josefstadt und räsonieren über das Wetter, weil die Vorstellung schlecht besucht war.
Sagt einer: ‚Bei Glatteis geht eben keiner ins Theater.‘
Darauf der Publikumsliebling Hans Jaray: ‚Da muß es aber im Akademietheater (einen Kilometer Luftlinie entfernt) a Tauwetter geben, weil die sind ausverkauft.‘“

SCHUHWERK

G. V.: „Weil wir gerade bei den alten Theaterschnurren sind. Da wurde Ernst Haeusserman einmal gefragt, was er im Exil in Amerika gemacht habe. ‚Ich bin neben den Schuhen vom (Max) Reinhardt gegangen.‘“

NEBENROLLE

G. V.: „Endlich bekam Ernst H. eine kleine Filmrolle als Statist in einem Streifen mit dem legendären Spencer Tracy. Der spielte einen berühmten Arzt und Syphilis-Forscher, H. einen der Studenten.
Einige Wochen später entdeckt sich Haeusserman am Titel eines Filmjournals zusammen mit dem Hollywood-Star. Er stürzt hinein, kauft das Blatt und verschlingt sofort die Bildzeile.“

H. F. M.: „Was stand denn drunter?"
G. V.: „Spencer Tracy in seiner großartigen Rolle als Professor Ehrlich mit einem Syphilitiker.'"

DIE PROBE

G.G. V.: „Der unvergeßliche Oskar Werner unterhält seine Kollegen in der Garderobe mit einer köstlichen Parodie auf den damaligen Doyen des Burgtheaters, Raoul Aslan.
Werner, in einem wahren Spielrausch, merkt nicht, daß der große Mime hinter ihm den Raum betreten hat. Die Heiterkeit erstirbt. Instinktiv dreht sich der Jungstar um. In diesem Moment sagt Aslan mit unverwechselbarem Timbre: ‚Einer von uns zwei ist schlecht!'"

ENDZEIT

H. F. M.: „Dafür war das Ende des größten Talents nach dem Zweiten Weltkrieg um so tragischer. Vom Alkohol gezeichnet, versuchte er dennoch eine Rückkehr auf die Bühne. Vor allem der bekannte Kulturjournalist Franz Endler bemühte sich darum. Eines Tages rief er im Sekretariat des Burgtheaters an: ‚Stimmt es, daß im September Herr Oskar Werner den Julius Cäsar spielen wird?' Die zynische Antwort schockte ihn: ‚Das konnten wir gerade noch verhindern.'"

INSZENIERUNG

H. F. M.: „Der Streit um das sogenannte Regietheater beherrschte gerade in Wien die öffentliche Diskussion mehr als in jeder anderen europäischen Metropole. Der wohl prominenteste Vertreter der klassischen, realistischen Opernregie war Otto Schenk. 1970, zur 200. Wiederkehr des Geburtstages von Beethoven, bereitete Schenk unter der Stabführung von Maestro Leonard Bernstein „Fidelio" vor. Schenk wollte den Minister im letzten Akt müde erscheinen lassen, staubig

nach seiner Postkutschenfahrt von Sevilla. Bernstein widersprach: ‚Ich will den Minister anders, als einen vom Himmel schwebenden Engel!‘
Schenk: ‚Wieso vom Himmel? Er kommt aus Sevilla!‘
Als Bernstein darauf bestand, der Minister müsse als Engel vom Himmel herabschweben, brummte Schenk: ‚Ich weiß nicht, wie ein Engel vom Himmel schwebt.‘ Worauf Bernstein gebeten wurde, den schwebenden Engel darzustellen. Bernstein erhob sich, versuchte kurz eine schwebende Bewegung zu machen, und noch bevor er umfiel, sagte er zu Schenk: ‚Okay, Otti, er kommt aus Sevilla.‘“

GENIE

G. V.: „Weißt du eigentlich, wie die Karriere des Otto Schenk als Opernregisseur begonnen hat?“
H. F. M.: „No, dahinter ist sicher der Prawy gesteckt.“
G. V.: „Sogar richtig. Prawy beschreibt in seinen Erinnerungen die Szene so köstlich, wie er den jungen, schüchternen Otto Schenk dem Operndirektor Franz Salmhofer, einem Theaterpraktiker der alten Schule, vorgestellt hat.
Salmhofer: ‚Also, Herr Schenk, ich glaube, Sie heißen so. Sie wollen da bei uns inszenieren?‘ Sagt der Schenk: ‚Na ja, woll'n. Was heißt woll'n. Ma' hat mi' ang'rufen, drum bin i da gekommen, ja, ja, ich sag' nicht nein.‘
‚Also, ein Regisseur‘, meint der Salmhofer, ‚muß bei mir zunächst auf Herz und Nieren geprüft werden. Auf seine Fähigkeit des Inszenierens und auf seine Beherrschung des Theaters. Herr Schenk, wenn Sie ‚Don Pasquale‘ inszenieren, mit welcher Probe werden Sie die Proben beginnen?‘
Sagt der Schenk, mit verzweifeltem Blick auf den Prawy: ‚Na, i waß net, no ja, ich hab' mir gedacht, vielleicht mit der ersten.‘
Darauf Salmhofer zu Prawy: ‚Der Mann ist ein Genie.‘
Doch Salmhofer prüfte weiter: ‚Also, Herr Schenk, jetzt frag' ich Sie: Am ersten Probentag, was für Sänger wünschen Sie, daß wir Ihnen bestellen?‘
Der Schenk, wieder mit ängstlichem Blick auf den Prawy:

‚Was für Sänger? Ich hab' mir halt gedacht, die in der ersten Szene singen.'
Salmhofer enthusiastisch zu Prawy: ‚Jedes Wort von dem ist Gold.'"

GEGEN

H. F. M.: „‚Nach einer Inszenierung von . . .' Diesen Hinweis kann man auf den abendlichen Besetzungszetteln der Wiener Staatsoper recht häufig lesen. Nicht immer bedeutet dies aber, daß ein schon verstorbener Regisseur seine Inszenierung nicht mehr auffrischen kann. Otto Schenk, der viele unvergessene Inszenierungen in Wien geschaffen, aber sich vom Opernbetrieb seit Jahren zurückgezogen hat, über die Entwicklung, daß sich manche Regisseure mit dem, was nach der Premiere mit ihren Produktionen passiert, nicht mehr identifizieren können: ‚Im Grunde müßte man schreiben, *gegen eine Inszenierung von Otto Schenk.*'"

UNBEKANNT

H. F. M.: „Da fällt mir noch eine köstliche Anekdote ein, die zwar mit der Oper nur indirekt zu tun hat.
Erzählt hat sie uns der legendäre Direktor der Wiener Albertina, Hofrat Walter Koschatzky:
‚Wird in den dreißiger Jahren ein Polizist am Opernring von einem Ausländer gefragt: ‚Wo ist die Albertina?'
Der Polizist mit großem Bedauern: ‚I kenn' alle Mädln, die hier promenieren. Aber a Albertina is' mir no net unterkommen.'"

DIE HOHE HEILKUNDE
Von Hof- und Leibärzten

Ärzte und Prominenz bilden seit ewigen Zeiten ein besonderes Kapitel. Wenn einer wie Kaiser Franz Joseph 86 Jahre alt wird, liefert er zwangsweise einigen Erzählstoff, obwohl er sich bis ins hohe Alter vortrefflicher Gesundheit erfreute. Anders seine Gemahlin Sisi, die für das gesamte Kapitel der Heilkunde ein besonderer Fall war und deren geschundene Seele Ärzten wie Autoren bis heute gleichermaßen Beschäftigung bietet.
Ähnliches kann über den mysteriösen Tod von Kronprinz Rudolf gesagt werden. Auch der lieferte schreibenden Medizinern genügend Stoff für Theorien und damit Tantiemen.
Obgleich es in der Republik keine Hof- und Leibärzte mehr gab, den Bundeskanzler zu behandeln verschaffte weiter Renommee. Nur gingen Kreiskys Nachfolger schon in Pension, bevor sie noch ernsthaft krank werden konnten.

LEIBARZT

H. F. M.: „Kaiser Franz Joseph erfreute sich bis ins hohe Alter vortrefflicher Gesundheit. Hofarzt Dr. Joseph von Kerzl war daher mehr Konversationsgast des Kaisers als medizinischer Ratgeber, wie die folgende Erzählung beweist. Eines Morgens, Franz Joseph stand schon jenseits des Achtzigers, wurde Kerzl vom Leibkammerdiener Eugen Ketterl mit ernstem Gesicht empfangen: ‚Majestät bedauern lebhaft, den Herrn Hofrat heute morgen nicht empfangen zu können. Majestät fühlen sich nicht ganz wohl und sind zum Plaudern nicht aufgelegt.'"

TAUSCHOBJEKT

G. V.: „Die Ärztehonorare liefern seit Generationen genügend Stoff für Anekdoten. Der Nachfolger des berühmten Chirurgen Theodor Billroth, Karl Gussenbauer, operierte einmal einen Erzherzog. Als der hohe Patient geheilt war, erschien sein Abgesandter und fragte den Arzt, was er lieber wolle, tausend Gulden oder einen Orden."
H. F. M.: „Und wofür hat er sich entschieden?"
G. V.: „Er meinte trocken: ‚Ich bekomme keine tausend Gulden, ich bekomme keinen Orden, ich bekomme zweitausend Gulden!"

LIECHTENSTEIN

H. F. M.: „Da paßt noch die folgende Schnurre dazu: Der erfolgreiche Wiener Urologe Victor von Ivanchich entfernte einem Fürsten Liechtenstein einen besonders schmerzhaften Blasenstein. Der Fürst sandte dem Operateur 1000 Gulden. Ivanchich ließ den Fürsten wissen: ‚Für einen Stein wäre das Honorar wohl groß genug gewesen, aber nicht für einen Liechtenstein.'"

UKRAINE

G. V.: „Im Zeitalter vor dem Fernsehen konnte man als Arzt nur durch medizinische Leistungen bekannt werden. In unseren Tagen liefert ein Mediziner manchmal mit einem nichtmedizinischen Thema mehr Schlagzeilen."
H. F. M.: „Richtig. Dies ist dem Lungenspezialisten Professor Dr. Granninger in einem Interview in der ‚Zeit im Bild 2' passiert. Als Chef des Behandlungsteams um Bundespräsident Dr. Klestil während dessen lebensbedrohlicher Lungenentzündung wurde er von unserer hübschen Kollegin Ingrid Turnher gefragt, warum er den Bundespräsidenten am Wochenende in den Tiefschlaf versetzt habe. Granningers Antwort schockte die einen und begeisterte andere zugleich:

‚Am Freitag, Samstag, Sonntag ist in Österreich bekanntlich Stille. Und ich wüßte nicht, was dem österreichischen Staat entgehen würde, wenn der Herr Bundespräsident jetzt nicht unterschreiben kann.
Ich kann natürlich nicht jemand aus dem Tiefschlaf aufwekken und ihn dann informieren, daß er auf den Knopf der Atombombe drücken soll. Wenn jemand gesagt hätte, es muß jetzt der Bundespräsident entscheiden, ob Österreich an die Ukraine angeschlossen wird oder nicht, dann hätten wir ihn natürlich aufgeweckt und hätten gesagt, bitte schön, Herr Bundespräsident, entscheiden Sie sich.'"

MITGLIEDSCHAFT

G. V.: „Bei der folgenden Erzählung spielt die Medizin nur im Hintergrund mit, der angestellte Vergleich ist aber für Österreich mehr als typisch. Professor Herbert Krejci, Generalsekretär der Vereinigung Österreichischer Industrieller, empfahl für die Managerausbildung seinen Mitarbeitern einen Professor X., den er bei einer Veranstaltung kennengelernt hatte, stieß damit aber auf wenig Begeisterung. Hartnäckig wie K. nun einmal ist, fragte er recht direkt nach den Bedenken gegen X. ‚Der wird doch der linken Reichshälfte zugerechnet', bekam er als Antwort. ‚Meine Herren, wenn Sie schwerverletzt ins Lorenz-Böhler-Krankenhaus eingeliefert werden', grollte Krejci, ‚fragen Sie ja auch nicht, ob der Operateur Mitglied des ÖAAB ist.'"

TÄTOWIERUNG

H. F. M.: „Es ist wahr, es ist kein Gerücht! Die Kaiserin von Österreich und Königin von Ungarn ließ sich auf ihre Schulter einen Anker tätowieren. Es soll – so schreibt Renate Daimler in ihrem Buch ‚Sisi und Diana' detailgetreu – im Jahre 1888 in einer Hafenspelunke in Korfu gewesen sein und ist wohl als neuerlicher Beweis ihrer Rebellion, ihrer Verachtung für die Gesellschaft am Hof anzusehen. Der Anker war natürlich ein Signal der Loslösung, ein Affront gegen den Kaiser, und der fragte auch erschüttert deren Tochter Valerie, ‚ob sie über diese Tatsache schon geweint habe?'"

G. V.: „Wie sehr die Tätowierung gesellschaftlich damals noch geächtet war, zeigt ein Zitat des berühmten Architekten Adolf Loos aus dem Jahr 1908: ‚Die tätowierten, die nicht in haft sind, sind latente verbrecher oder degenerierte aristokraten.'"

KULTUSBEITRAG

H. F. M.: „Da fällt mir eine köstliche Schnurre von Professor Bankl ein. Danach hatte der Wiener Dermatologe Isidor Neumann bereits um die Jahrhundertwende den Ordinationsbetrieb durch die Einführung von Umkleidekabinen beschleunigt. Ein Diener sorgte mit großer Strenge dafür, daß die Patienten von dieser ungewohnten Neuerung auch Gebrauch machten und sich völlig entkleideten. Mit dem Ergebnis, daß eines Tages vor Neumann zitternd ein splitternackter Mann stand, der mit kläglicher Miene sagte: ‚Aber, Herr Professor, ich bin doch nur gekommen, um den Kultusbeitrag einzukassieren.'"

SAFTERL

H. F. M.: „Bei prominenten Patienten ist es ja keine leichte Aufgabe für die Ärzte, sich durchzusetzen. Die vielen Verpflichtungen, das Protokoll, fremde, scharf gewürzte Speisen bei Auslandsreisen . . ."

G. V.: „. . . und die Trinkgewohnheiten nicht zu vergessen.

Als der Staatsvertragskanzler Julius Raab nach seinem Schlaganfall 1958 nach Moskau reisen mußte, um mit den Sowjets über manche Härten des Staatsvertrags zu verhandeln, wurde er von seinem langjährigen Hausarzt Dr. Nagl begleitet. Bei einem Empfang in der österreichischen Botschaft griffen Raab und Mikojan nach Wodkagläsern, während sich KP-Chef Chruschtschow und Vizekanzler Pittermann mit

Fruchtsäften begnügten. Als Nagl den Kanzler ermahnte, dem guten Beispiel von Chruschtschow zu folgen, maß Raab den Fruchtsaft mit einem langen Blick und sagte dann zum Dolmetsch, indem er auf den KP-Chef deutete: ‚Sagen S' eahm, dös Safterl möcht i net amal in die Schuach ham.'"

TRAINING

G. V.: „Der Wiener Gesundheitsstadtrat Univ.Prof. Dr. Alois Stacher, renommierter Arzt und Forscher, war ein extrem starker Raucher. Sein leitender Sanitätsbeamter, Oberstadtphysikus Dr. Junker, hielt ihm daher oft vor, daß gerade er als Arzt und Politiker ein gutes Vorbild abgeben und mit dem Rauchen Schluß machen sollte. Außerdem laboriere er doch an einer Lungentuberkulose aus dem Zweiten Weltkrieg und müsse schon deshalb vorsichtiger sein.
Als Stacher das Nörgeln zu lästig wurde, machte er einen Lungenfunktionstest. Ergebnis: Beste Werte!
Besser als die von Dr. Junker, der sehr sportlich war. Junker schüttelte den Kopf: ‚Des versteh' i net. Solche Werte bei an Raucher.' Darauf Stacher schmunzelnd: ‚Herr Kollege, ein Raucher trainiert ja: die Lunge.'"

ALTER MANN

G. V.: „Nationalratswahl 1983. Bruno Kreisky ist inzwischen 72 Jahre alt und sein Gesundheitszustand bereits seit einiger Zeit vieldiskutiertes Thema in den Medien.
Deshalb entschließt sich der Kanzler auch, sein neuerliches Antreten von einem ärztlichen Gutachten dreier renommierter Ärzte abhängig zu machen, das in jedem Fall veröffentlicht werden soll. Prof. Dr. Neumayer, sein Hausarzt Prof. Polzer und der eben zitierte Gesundheitsstadtrat Dr. Stacher prüften im wahrsten Sinn des Wortspiels Kreisky auf Herz und Nieren, die bekanntlich seine Schwachstellen waren.
Ergebnis: aus medizinischer Sicht kein Einwand.
Alle drei Professoren, besonders aber Kreiskys langjähriger

Hausarzt Dr. Kurt Polzer, rieten jedoch dringend, daß er sich im Wahlkampf nicht überanstrengen solle. Als Stadtrat Stacher das Gutachten überbrachte, meinte Kreisky brummend: ‚Na ja, der Polzer, was versteht der von Anstrengungen, der ist doch schon ein alter Mann.'"
H. F. M.: „Und wie alt war der Professor?"
G. V.: „Auch nur zwei Jahre älter als sein prominenter Patient."

SPRACHFEHLER

H. F. M.: „1998 – das Jahr des Streites um den Preis der Zahnkronen. Daran dürfen wir doch nicht vorbeigehen, ohne eine prominente Zahnarzt-Anekdote. Hast du keine auf Lager?"
G.V: : „Wenn ich sehr weit zurückgreifen darf: der langjährige Generalsekretär der ÖVP und spätere Präsident des Nationalrates, Dr. Alfred Maleta, hatte einen markanten Zungenschlag; er stieß etwas mit der Zunge an, was vielen Kollegen von uns Anlaß zu manch köstlicher Persiflage bot.

Eines Tages fragte Maleta den Chefredakteur der ‚Oberösterreichischen Nachrichten', deren Herausgeber er war: ‚Sagen Sie, Dr. Polz, mir hat jetzt ein Freund gesagt, daß ich lisple ...' Der wunderte sich verständlicherweise über diese späte Erkenntnis, wand sich natürlich, um schließlich doch zu sagen: ‚Na ja, ein bißchen schon, Herr Präsident.'
Darauf polterte Maleta los: ‚Da laß' ich mir auf meine alten Tag noch neue Zähne machen, zahl dem T ... von an Zahnarzt viele Blaue, und dann kann a ma net amal a g'scheit's Gebiß machen.'"

HYPOCHONDER

G. V.: „Jetzt soll weniger von Ärzten die Rede sein als von deren Patienten; prominenten natürlich. Den früheren ORF-Generalintendanten Gerd Bacher und seinen obersten Informationsmann Johannes Kunz verband ihre Neigung zur Hypochondrie. Sie konsultierten bereits wegen kleiner Wehwehchen reihenweise medizinische Kapazunder, studierten aufmerksam die einschlägige Fachpresse, schluckten bei den ersten Symptomen Pülverchen dafür und dagegen, ja sie führten sogar auf Dienstreisen ein wohlsortiertes Köfferchen voller Pillen mit. ‚Jo' Kunz dazu: ‚Wenn der Gerd Bacher und ich vor einer Apotheke stehen, läuft uns das Wasser im Mund zusammen!'"

FRÜHERKENNUNG

H. F. M.: „Weil wir gerade bei den Journalisten sind, Menschen also, die über alles Bescheid wissen, sogar über seltene Krankheiten. Hast du da nicht ein Beispiel auf Lager?"
G. V.: „Sogar ein überaus prominentes. Als ÖVP-Obmann Alois Mock im Wahlkampf 1986 hoffte, endlich die Nummer eins in Österreich zu werden, wirkte er in der entscheidenden TV-Diskussion mit Franz Vranitzky wie geistesabwesend, ja maskenhaft. Die Schuld wurde zuerst einem falsch getimten Saunabesuch und einer schlechten Schminke gege-

ben; niemand dachte damals bereits an eine ernsthafte Erkrankung. Nur ein Journalist – der Name wird aus Konkurrenzgründen zum Ärztestand geheimgehalten – sah Mock im für das Krankheitsbild typischen ‚Zeppelschritt‘ daherkommen und schüttelte entsetzt den Kopf: ‚Der hat ja den Parkinson!‘ Es brauchte mehr als fünf Jahre, bis die ‚Früherkennung‘ unseres Kollegen auch von Mock und seinen Ärzten bestätigt wurde.“
H. F. M.: „Wir Journalisten sind also doch manchmal besser als unser Ruf.“

KAMPF DEN SIMULANTEN
Heilung in Uniform

Anders natürlich die Situation der Militärärzte. Für die hat sich eigentlich seit Einführung der allgemeinen Wehrpflicht nicht besonders viel geändert, sieht man davon ab, daß sie seit neuestem auch Frauen untersuchen dürfen. Ihre vornehmlichste Aufgabe ist und bleibt, Simulanten von echten Kranken zu unterscheiden. Und da die Simulanten meist bessere Schauspieler als ihre echten Berufskollegen sind, bietet sich den Militärärzten ein weites Feld, wobei allerdings die Kenntnisse in Psychologie wertvoller als die der Medizin sind. Die oft kolportierte Annahme, daß die militärischen Jünger des Hypokrates an geraden Tagen rote Pulver und an ungeraden Tagen weiße Pülverchen verschrieben, ist angesichts der High-Tech-Medizin bei der Musterungs-Untersuchung nicht länger aufrechtzuerhalten.

HAREM

G. V.: „Seit 1998 gehen die Uhren beim Militär anders: Es gibt nicht nur Soldaten, es gibt auch Soldatinnen.
Erster Chef der Damenriege ist Oberst Josef Paul Puntigam –

nicht zu verwechseln mit dem gleichnamigen Bier. Der Herr des siebenköpfigen Harems (Originalton Puntigam) lobt das gemischte Ausbildungssystem: ‚Der Doppelpack Mann und Frau funktioniert. Wenngleich wir die Männer ständig durchwechseln, damit keine Pärchen händehaltend auf die Wache gehen.'"

MARINE

H. F. M.: 1936 wurde in Österreich die allgemeine Wehrpflicht wieder eingeführt, da Kanzler Schuschnigg das kleine Berufsheer auf Dauer zu schwach schien, um gegen Hitlers Aggressionspolitik bestehen zu können.
Dieser Entscheidung ‚verdankte' ein Bauernbub aus dem hinteren Pitztal, daß er zur Assentierung mußte.
So stand er nun, nur mit der ‚Gattehose' bekleidet, vor dem Musterungsarzt. Der sah sofort, daß die Füße des künftigen Soldaten schon lange kein Wasser gesehen hatten. ‚Stell' di da eini!' befahl der Stabsarzt und deutete auf ein Schaffel mit Wasser. Nach einiger Zeit fragte der Doktor: ‚Woaßt a, warum i di do einig'stellt hob?' Achselzucken war die Antwort. Der Arzt ließ den Burschen weiter im kalten Wasser stehen. Nach einer weiteren Viertelstunde die gleiche Frage. Stokkend kam jetzt die Antwort: ‚I, i, moan', i kim zur Marine.'"

UNTAUGLICH

G. V.: „Wir machen einen großen Sprung in die Gegenwart. Beim Militärkommando in St. Pölten trifft eine Beschwerde ein, daß die angehenden Soldaten bei der Musterung ziemlich rüde behandelt würden. Ein engagierter Oberstleutnant der Ergänzungsabteilung wendet sich an den leitenden Arzt. Der sagt lächelnd: ‚Weißt was, Kamerad, schau es dir selbst an. Mach wie jeder Soldat die Untersuchung mit, dann weißt du gleich, ob du auch gesund bist.'
Der Stabsoffizier war von der Idee sehr angetan. Er erschien in Zivil, zog Turnhose und Leibchen an und stellte sich in die

Warteschlange. Blutuntersuchung, Ergometrie, Test des Sehvermögens und vieles mehr. Am Ende der sogenannten ‚Stellungsstraße' stand die Überprüfung des Gehörs. Als diese abgeschlossen war, trat der dort eingesetzte Grundwehrdiener auf den älteren Zivilisten zu, klopfte ihm jovial auf die Schulter und meinte lachend: ‚Oida, du bist untauglich, brauchst nimma einruck'n, du bist ja derrisch!'"

KLAVIERSTIMMER

H. F. M.: „Das war offenbar in der k.u.k. Marine nicht anders. Wer nichts hörte, war untauglich:
Matrose 2. Klasse Wenzel Dvorzalek hörte absolut gar nichts. Kein Anschreien konnte ihn aus der Ruhe bringen, kein Kommandoruf erreichte sein Ohr. Matrose Dvorzalek ging zur Beobachtung und Beurteilung seiner Hörschärfe an das Marinespital nach Pola ab. Nach zwei Wochen kehrte er mit folgendem ärztlichen Befund zurück: ‚Infolge überstandener Mittelohrentzündung auf dem rechten Ohr taub, auf dem linken schwerhörig. Bescheid: Ausscheiden aus der Kriegsmarine.' Matrose Dvorzalek wurde sofort entlassen. Zwei Tage später konnte er bereits wieder seiner bürgerlichen Beschäftigung als Klavierstimmer nachgehen."

FEDERBUSCH ODER BARETT
Militär bleibt Militär

An keiner anderen Institution hat der rasante Zeitenlauf des letzten Jahrhunderts scheinbar weniger Spuren hinterlassen als beim Militär. Daher könnte der Untertitel von manchen Lesern auch als Drohung verstanden werden. Da wir aber ein heiteres Büchlein präsentieren wollen, möchten wir unterhalten und nicht kränken. Es können also auch eingefleischte Militaristen ruhig ein Lächeln aufsetzen, bevor sie die nächsten Seiten in Angriff nehmen.

DER PROBIERHAUPTMANN

G. V.: „Zu den wenigen Besonderheiten einer Armee, deren Übernahme auch zivilen Organisationen zu empfehlen ist, zählt der sogenannte ‚Probierhauptmann'. Das war der einfältigste Offizier im Stabe, er mußte nicht immer Hauptmann, sondern konnte auch Oberleutnant oder schon Major sein, der als Testobjekt für alle neuen Befehle diente. Hatte *er* die Instruktion verstanden, konnte die Truppe beruhigt ausrücken."

HOHEITEN

H. F. M.: „Prinz Ferdinand von Coburg, der spätere Zar Ferdinand von Bulgarien, diente in einem österreichischen Regiment, dessen Kommandant Erzherzog Johann Salvator war, welcher nach einem Streit mit seinem Bruder Franz Joseph das Haus Habsburg verließ und sich Johann Orth nannte.
Prinz Ferdinand war alles andere als ein geborener Soldat, was ihn sein kaiserlicher Kommandant auch spüren ließ. Offiziersbesprechungen im Regiment pflegte Erzherzog Johann Salvator mit der Frage zu beenden: ‚Haben es alle Herren verstanden?' Und dann nach einer kleinen Pause zu Prinz Ferdinand gewandt: ‚Auch Sie, Königliche Hoheit?'"

FEINER UMGANG

G. V.: „Keine Marineschnurre?"
H. F. M.: „Wie du meinst. Erzherzog Wilhelm, der jüngste Sohn von Erzherzog Karl, dem Sieger von Aspern, war Generalinspektor der Artillerie und lebte in Triest. Er war als Hoch- und Deutschmeister des deutschen Ritterordens Junggeselle und hatte auch im Verkehr mit Untergebenen einen sehr burschikosen Ton. So fragte er einmal einen Oberst, der erst kurze Zeit in Triest stationiert war, ob er schon in vielen Häusern verkehre. Der faßte die Frage falsch auf und antwortete lächelnd: ‚Zu Befehl, Kaiserliche Hoheit. Seit ich Stabsoffizier bin, lasse ich mir die Mädeln in meine Wohnung kommen.'"

ERINNERUNG

G. V.: „Was wenige in Erinnerung haben werden: Kreisky war auch fünf Monate Verteidigungsminister, und zwar zwischen zwei Generälen; Johann Freihsler und Karl Ferdinand Lütgendorf. Bei einer militärischen Veranstaltung fiel Kreisky ein schwergewichtiger Offizier auf. Er fragte seinen damaligen Adjutanten, den späteren General Schaffer, wer der Herr sei. Als er den Namen hörte, huschte ein Lächeln über sein Gesicht: ‚Mit dem bin ich in der Mittelschule in einer Klasse gesessen. Ich war damals ein furchtbar fauler Schüler, aber er hat mich als einziger übertroffen.'"

SCHUTZBUND

G. V.: „Bei einer anderen Gelegenheit erblickte Kreisky den ersten Panzertruppeninspektor des Bundesheeres, Brigadier Franz Veczernik. Kreiskys Blick ruhte lange und nachdenklich auf dem hohen Offizier. Endlich sagte er zu seinem Adjutanten: ‚Dieser Mann hat als Major in den dreißiger Jahren versucht, mir beim Schutzbund das Gewehr beizubringen, was ich aber nie kapiert habe.' Und nach einer weiteren Pause: ‚Was ist denn der in der deutschen Wehrmacht gewesen?' Auf Schaffers Antwort, daß er Oberstleutnant geworden sei, meinte K.: ‚No, ka tolle Karriere. Ja, er war halt ka Nazi.'"

FIGLS ANGST

H. F. M.: „In der bitterkalten Nacht vom 5. auf den 6. November 1956 mußte das junge Bundesheer der Zweiten Republik seine erste echte Bewährungsprobe bestehen. Das Oberkommando in Wien rechnet mit einem Vorstoß russischer Truppen von Ungarn auf österreichisches Territorium. Im nervösen Offizierskorps machte folgender Witz die Runde:
Ein Sekretär von Außenminister Figl unterbricht die Krisensitzung mit dem Ruf: ‚Die Russen kommen!' Angewidert räsoniert Figl: ‚Jessas, jetzt geht die Sauferei schon wieder los.'"

ERSTER WELTKRIEG

H. F. M.: „Oft liegt in einem gut erdachten Witz ebensoviel politische Wahrheit wie in einer Anekdote. Soll ich dir noch ein ähnliches Beispiel in Erinnerung rufen? Die unbeugsame Haltung von Alois Mock in der Jugoslawienkrise stieß ja in den Hauptstädten der einstigen großen Entente, in London und Paris, nicht auf helle Zustimmung. Die Situation gibt ein damals entstandener Witz bestens wieder. Ein junger Sekretär des französischen Außenministers stürmt ins Zimmer und ruft: ‚Monsieur, Monsieur, die Österreicher sind dabei, den Ersten Weltkrieg zu gewinnen!'"

LEISE MELDUNG

G. V.: „Der Oberbefehl ist bei uns nach wie vor Männersache. Nur bei den Bregenzer Festspielen 1998 durfte diese Rolle eine Frau einnehmen, da Bundespräsident Klestil erkrankt war. Die Meldung an seine Vertreterin, Unterrichtsministerin Elisabeth Gehrer, durch den Hauptmann der Ehrenkompanie fiel sehr leise aus.
Fragte ein Ehrengast den anderen: ‚Sind die bei Frauen immer so zurückhaltend?' Der andere, ein Reserveoffizier, kontert: ‚Bei diesem bescheidenen Heeresbudget sind keine starken Meldungen mehr möglich.'"

BEGRÜNDUNG

G. V.: „Bei der Einführung des Zivildienstes, korrekt heißt er ja ‚Wehrersatzdienst', wurde der damalige Wehrsprecher Heinrich Neisser um seine Meinung dazu gefragt: ‚Ich vertrete den Dienst mit der Waffe, denn er ist die bessere Vorbereitung auf die Ehe!'"
H. F. M.: „Diese Antwort läßt aber mehrere Deutungen zu."
G. V.: „Das ist in der Politik oft so."

FÜRSTEN AM LAND – LANDESFÜRSTEN

Einst waren es die Fürsten, die am Land, also außerhalb der Reichs- und Residenzstadt Wien residierten und damit demonstrierten, daß sie auch ohne die räumliche und körperliche Nähe zum Erzhaus prominent waren. Nach der Abschaffung des Adels sind an ihre Stelle des Hochadels die „Landesfürsten" getreten, denen das Volk, in gewohnter Sucht nach Kontinuität, diesen Titel verliehen hat. Daß darunter herausragende Persönlichkeiten wie etwa Eduard Wallnöfer oder der alte Krainer waren, steht gar nicht zur Debatte. Mehr schon die verschiedenen Attitüden, die meist damit einhergingen, aber oft mehr von der Umgebung der neuen Fürsten betrieben wurden als von den demokratisch gewählten Lebensträgern selbst. Aber so war es ja auch schon am Hofe Kaiser Franz Josephs, womit sich wieder der Kreis schließt.

STEIRISCHE REVOLUTION

G. V.: „Die Steirer sind bekanntlich ein seltsames Volk – politisch gesehen."
H. F. M.: „Trägst du da nicht etwas dick auf?"
G. V.: „Nein! Zuerst revoltieren sie regelmäßig gegen Wien, stürzen den (angeschlagenen) Parteiobmann, setzen an seine Stelle einen Vertrauten oder gar Landsmann und beginnen sofort mit einer Intrige gegen ihn. Beispiel gefällig?"
H. F. M.: „Du meinst ‚Joschi' Riegler gegen Alois Mock."
G. V.: „Das hat schon längere Tradition. Als sich der gesundheitlich angeschlagene Staatsvertragskanzler Julius Raab bei Bundespräsident Adolf Schärf verabschiedete und gleich sei-

nen Nachfolger Alfons Gorbach aus der Steiermark ankündigte, meinte Schärf lächelnd zu Raab: ‚Wir beide sind lang genug in der Politik, um zu wissen, daß alle 25 Jahre in Österreich eine steirische Revolution stattfindet.‘“
H. F. M.: „Die Frist hat sich inzwischen allerdings entscheidend verkürzt.“

ST. FLORIAN

G. V.: „Die Steirer legten sich nicht nur mit dem politischen Gegner an, nein, auch den eigenen Ministern machten sie Schwierigkeiten, etwa bei der Stationierung von Abfangjägern, den vieldiskutierten ‚Draken‘. Flexibler waren da schon die Oberösterreicher. Bei einer Angelobung von Rekruten im schönen Mondsee donnerte Josef Ratzenböck vom Rednerpult: ‚Wir werden alles unternehmen, daß ihr Soldaten den besten Schutz in der Luft bekommt, wenn der Feind in unseren Luftraum eindringt‘ und zeigte gegen Süden, also Richtung Steiermark.
Als er sich dann aber neben Armeekommandant General Philipp niederließ, zischte er: ‚Aber stationieren tut's es scho in der Steiermark und net in Linz-Hörsching.‘“

H. F. M.: „Da habe ich ein aktuelles P.S.: ‚Wo leben die intelligentesten Österreicher? In Oberösterreich! Sie haben den Adolf Hitler nach Deutschland, den Jörg Haider nach Kärnten und den Kurt Krenn nach St.Pölten geschickt.'"

FRAU LANDESHAUPTMANN

H. F. M.: „Du meinst sicher die steirische Landeshauptfrau, hast dich aber noch nicht an die neue Schreibweise gewöhnt."
G. V.: „Nein, meine Schnurre spielt noch zu einer Zeit, als vordergründig die Männer die Politik dominiert haben, obwohl natürlich die Menschen der näheren Umgebung wußten, wer in Wahrheit das Sagen hatte.
So erzählt bei guter Laune der langjährige Landeshauptmann von Oberösterreich, Josef Ratzenböck, daß Besucher oft seine Frau Anneliese gefragt hätten: ‚Frau Landeshauptmann, ist der Herr Ratzenböck da?'"

EHEMANN

H. F. M.: „Auch in Salzburg dürfte die Gewichtung nicht viel anders gewesen sein, wie unser Kollege Werner Mück, viele Jahre Chefredakteur des ORF-Salzburg, berichtet.
Auf dem Schrannenmarkt sprach einmal eine Bäuerin Wilfried Haslauer an: ‚San Sie net der Mann von der Frau, wo der Mann der Landeshauptmann is?'"

FÜRSTERZBISCHOF

G. V.: „Viel später als in den meisten anderen Bundesländern, nämlich erst 1803, wurden in Salzburg die weltliche und die geistliche Macht getrennt; der Fürsterzbischof war bis dahin auch das weltliche Oberhaupt des Landes.
Erst in den achtziger Jahren unseres Jahrhunderts bot sich eine geeignete Persönlichkeit an, diese beiden Positionen un-

ter Umständen wieder zusammenzuführen. Als bei der Amtsübergabe von Salzburgs Erzbischof Karl Berg an seinen Nachfolger Georg Eder im Februar 1989 auch Landeshauptmann Wilfried Haslauer den Dom betrat, meinte ein kritischer Zuschauer verschmitzt: ‚Der regierende Fürsterzbischof zieht ein.'"

STRAFE

G. V.: „Hans Lechner, der Vorgänger Wilfried Haslauers als Landeshauptmann von Salzburg, war Vater von sieben (!) Töchtern. Um Frau und Kinder gemeinsam transportieren zu können, erwarb er einen Volkswagenbus. Als er mit dem vollbeladenen Fahrzeug einmal die deutsche Grenze am Walserberg passieren wollte, fragte der deutsche Zöllner: ‚Haben Sie eine Taxikonzession?' Lechner beteuerte, daß es sich bei den Insassen um seine Familie handle. Da maß ihn der Beamte mit einem langen Blick: ‚Fahren Sie weiter! Sie sind gestraft genug!'"

WÄHLER

H. F. M.: „Bleiben wir noch beim Auto. Als Josef Krainer der Ältere wieder einmal mit seinem berühmten ‚Schewi' flott übers Land fuhr, offenbar in Vorausahnung, daß in den einstigen Puch-Werken in Graz-Thondorf einmal die Amerikaner ihre Autos bauen würden, benützte er wie ein US-Senator aus Texas einen schwarzen, überlangen Chevrolet. Da stoben in einer Kurve die Hühner auseinander. Krainer zu seinem Chauffeur: ‚Paß auf, die gehören ja Wählern!'"

GESCHMACK

G. V.: „Das Land unter der Enns wurde am längsten so geführt, wie man das landläufig mit einem Erbhof tut.
Seit 1945 haben es nun die ‚Schwarzen' bereits in Erbpacht,

und nach dem letzten, kräftigen Wahlsieg von Erwin Pröll im März 1998 sieht es nicht danach aus, daß das 21. Jahrhundert eine Wende bringen könnte. Nur der Umgang mit den Medien hat sich gravierend geändert.
Als Andreas Maurer, sein Erfinder und Vor-Vorgänger, die Werbelinie des Pröll-Wahlkampfes kritisierte, meinte der umtriebige Parteisekretär Ernst Strasser, von dem die Ideen stammten: ‚Andreas, wan's dir g'fallat, liegaten ma a falsch.'"

ABBÜDELN

G. V.: „Die Mächtigen sind im medialen Trommelfeuer, in dem sie permanent stehen, das sie aber auch oft selbst entfachen, sehr dünnhäutig gegenüber Kritik geworden.
Einer, der sich traut, dem Landesfürsten auch einmal etwas Unbequemes zu sagen, ist der Propst des Stiftes Herzogenburg, Maximilian Fürnsinn.
Vor dem letzten Wahlkampf meinte er leicht vorwurfsvoll zu Erwin Pröll: ‚Laß di net allawei' so vü abbüd'ln. Du muaßt mehr regieren.'"

LEERER PLATZ

G. V.: „Im Sommer 1998 wurde einer der wirklichen Landesfürsten, der einst so mächtige burgenländische Landeshauptmann Theodor Kery, achtzig Jahre alt.
Da paßt noch folgende Geschichte ins Bild der Fürsten am Land: Der prominenteste Gast bei einer Veranstaltung kann schon deshalb als letzter kommen, weil für ihn stets ein Platz freigehalten wird. Bei der Oberwarter Messe saß ÖVP-Wirtschaftsminister ‚Bobby' Graf in der ersten Reihe und hatte neben sich die streitbare Kery-Gegnerin Ottilie Matysek gebeten. Als Kery punktgenau kam und sah, daß er neben seiner Intimfeindin sitzen mußte, ließ er sich einen Extra-Sessel holen. Robert Graf sang leise den altbekannten Schlager vor sich hin: ‚Und der Platz neben mir blieb leer ...'"

HERR ÜBER TIROL

Wenn auf einen heimischen Politiker der Titel „Landesfürst" nicht zutrifft, obwohl er einer war, dann auf den legendären Tiroler Landeshauptmann Eduard Wallnöfer.
Denn für einen Fürsten war er persönlich zu bescheiden und saß mit seinen Tiroler Bauern lieber in einem Extra-Zimmer als vielleicht gar in einer Burg oder Residenz. Wir haben für ihn daher den Titel: „Herr über Tirol" gewählt.
Er regierte sage und schreibe 24 Jahre das Land am Inn und ließ seinen spröden Charme die Mächtigen im fernen Wien nicht nur spüren, als seine „Schwarzen" am Ballhausplatz und in der Himmelpfortgasse regierten, nein auch dem „roten Bruno" und dem „roten Hannes" zog er manchen Steuerschilling aus der Tasche, um ihn für Straßen und Tunnels auszugeben.

POTENTAT

G. V.: „Die Regierung in Wien hatte einen fernöstlichen Potentaten eingeladen, dessen Ruf nicht der beste war. Auf dem Besuchsprogramm standen auch Innsbruck und das Goldene Dachl. Wallnöfer erkundigte sich bei seinem Landesamtsdirektor, wen man ihm da schicke. Das Urteil war vernichtend: Handel mit Drogen und Waffen, Kontakte zur Mafia und so weiter.
Wallnöfer fügte sich in sein Schicksal und holte grantig den ominösen Gast am Flughafen ab. Nach der Begrüßung nahm er den Protokollchef des Kanzleramtes zur Seite: ‚Wia isch denn der?' Die Antwort haute ihn fast aus den Schuhen: ‚Nix besonders. Ganz so wie Sie.'"

UNTERSCHIED

H. F. M.: „Auch aus höchst unterschiedlichen Charakteren kann ein positives Spannungsfeld entstehen. Wie das Beispiel der beiden Landeshauptleute von Nord- und Südtirol zeigt."

G. V.: „In der Tat. Silvio Magnago war elegant, fragil, Jurist, scharfzüngig und vor allem langatmig. Eduard Wallnöfer das schiere Gegenteil: scharfsichtig und eher knapp in Worten."
H. F. M.: „Beim Abschluß des vielzitierten Südtirol-Paketes 1984 prallten die beiden Charaktere noch einmal aufeinander. Wallnöfer, der seine Vorbesprechung im Wirtshaus ‚Zur Traube' in Lienz bei ein paar Gläsern Wein abgehalten hatte, brummte angesichts des eben ankommenden Kontrahenten: ‚Kimmt der Magnago und erzählt uns in oana Stund', was ma alle schon wissen und was ma in fünf Minuten a sog'n kunnt.'"

NACHFOLGER

G. V.: „Die Unterschiedlichkeit setzte sich auch bei den Nachfolgern fort. An die Stelle von Magnago trat der Pustertaler Luis Durnwalder, bauernschlau, volkstümlich, gebildet, sehr wendig und überall; nach dem Motto handelnd: Der Landeshauptmann von Südtirol muß auch mit den Italienern auskommen. Sein Visavis in Nordtirol: Wendelin Weingartner, Bankmanager, Sohn einer Katakomben-Lehrerin* und daher ein Freund einer eher kantigen Südtirol-Politik.
Ein langjähriger Südtirol-Kenner, der beide nicht besonders mochte, erklärte einem Wiener die zwei Charaktere so: ‚Der Weingartner und der Durnwalder halten wechselseitig von sich das Schlechteste. Leider haben sie recht.'"

DREHTÜR

G. V.: „In einem Punkt gleicht Weingartner seinem Vorgänger Wallnöfer. Er ist listenreich im Taktieren, was ein Tiroler Unternehmer einmal so beschrieb: ‚Der Weingartner halt sich bis zum Schluß alle Türen offen, und man weiß nie, bei welcher er aussaschliaft.'"

* In der Zeit des Faschismus war der Deutschunterricht in Südtirol verboten. Die Kinder mußten daher geheim, in Privathäusern, genannt Katakomben, erzogen werden.

NOBLESSE OBLIGE
Stand und Anstand

Immer mehr Menschen beklagen den Verfall der Sitten und vergessen, daß es ähnliche Klagen immer gegeben hat. Trotzdem gab es bisher wohl kaum ein Jahrhundert wie das auslaufende, in dem mehr gesellschaftspolitische Umbrüche stattgefunden haben. Und daß bei diesem rasanten Wechsel der Systeme viele Menschen ihre persönliche Orientierung verloren, ist logisch, ohne es gleich zu entschuldigen.
Obwohl wir beide noch Schüler der legendären Benimm-Adresse Nr. 1 des Landes, des einstigen k.u.k. Rittmeisters und späteren Oberstleutnants Willy Elmayer (von) Vestenbrugg waren, brauchen Sie, verehrte Leser, keine Angst zu haben, daß Sie vielleicht bei der Lektüre des folgendes Kapitels die übereinandergeschlagenen Beine vom Tisch nehmen müssen, den legeren Hausmantel gegen einen Anzug mit Weste tauschen müssen.
Das Handy sollten Sie allerdings abschalten, sonst können Sie vielleicht über die Pointen nicht lachen.

ENTADELT

H. F. M.: „Am schwersten tat sich natürlich der Adel mit dem Umstand, daß er 1918 durch die junge Republik Deutsch-Österreich abgeschafft wurde. Vor allem jene Familien, die schon seit Jahrhunderten diesem Stand angehörten und ihn nicht nur als Privileg, sondern auch als Verpflichtung gesehen hatten. Adalbert Graf Sternberg ließ sich nach dem Zusammenbruch der Monarchie auf Büttenpapier eine neue Visitenkarte drucken. Darauf stand zu lesen:

Adalbert Sternberg
geadelt von Karl dem Großen
entadelt von Karl Renner.

LAUTER GRAFEN

H. F. M.: „Vorbild für die ‚Grafenbrigade' (siehe Seite 12) waren die ausgewählten Kavallerieregimenter der k.u.k. Armee, in denen die vornehmsten Familien der Monarchie dienten. In der Instruktionsstunde eines dieser Regimenter fragte der Korporal:
‚Dragoner Krejcy, wie heißt dein Rittmeister?' –
‚Meine Rittmeister ise pan Graf Hoyos.' –
‚Sehr gut, und wie heißt dein Oberleutnant?' –
‚Mein Oberleutnant ise pan Graf Czernin.' –
‚Sehr gut, und wie heißt dein Leutnant?' –
‚Meine Leitnant ise Graf Kolowrat.' –
‚So, und wer ist dein Herr Wachtmeister?' –
‚Meine Herr Wachtmeister ise pan Graf Woprsalek!'"

KOARL

G. V.: „Unser Kollege Carl Michael Belcredi war ja nicht immer der ‚Wetterfrosch' der Nation. Er begann seine Karriere sehr profan in der ‚Chronik', also der Redaktion des Fernsehens, die für alles zuständig ist, vom Einbruch bis zum Mord, vom Verkehrsunfall bis zum entflogenen Kanarienvogel. Den Kollegen war nicht aufgefallen, daß C.M. von besonderer Abstammung sei. Oder?"
H. F. M.: „Nein, deshalb entstand eines Tages auch folgender Dialog: ‚Ist dort das Fernsehen?' Am Apparat unser unvergessener Kollege Dr. Herbert Hamersky, den uns eine Lawine vor Jahren geraubt hat: ‚Joo!' Darauf der Anrufer in unüberbietbar nasalem Tremolo: ‚Kööönt ich den Graaafen Belcreeedi sprechen?' Hamersky hielt den Hörer zu und rief im breitesten Wiener Dialekt in die Redaktion: ‚Heast, Koarl, bist du a Grof?'"

„DER DWORZAK“

G. V.: „Da sich beim Militär bekanntlich wenig ändert, egal wer an der Spitze steht, kann ich mit einer ähnlichen Anekdote aus den dreißiger Jahren aufwarten. Mit Beginn der Kanzlerschaft Schuschniggs traten nämlich wieder viele Söhne aus hochadeligem Haus in die Theresianische Militärakademie ein. Beim Auswahlkurs für den ersten Jahrgang standen die Frequentanten in Zugsformation vor ihrem künftigen Drillmeister Offiziersstellvertreter Pospischil. Der gestrenge Unteroffizier ging von Mann zu Mann und ließ sich Name und Dienstgrad melden. Einer dieser Adelsjünglinge, Sprößling eines alten Hugenottengeschlechtes, machte es besonders stramm: ‚Einjährig Freiwilliger Gefreiter Chevalier Aristide de Sulmoustié de Bergerac!‘
‚Wie haßen S’?‘ fragte ihn Pospischil mißtrauisch, da er dahinter irgendeine Undiszipliniertheit vermutete.
‚Einjährig Freiwilliger Gefreiter Chevalier Aristide de Sulmoustié de Bergerac!‘ kam es nochmals wie aus der Pistole geschossen. Pospischil überlegte kurz, ob er da nicht härter durchgreifen müsse, um dann die Angelegenheit so abzuschließen: ‚Wissen S’ wos? Bei mir haß’n S’ Dworzak!‘“

TEURER NAME

H. F. M.: „Die Charge und der Name des Linienschiffsleutnants Kajetan Afan de Rivera de los Marques de Villanueva de las Torres bestanden aus der Kleinigkeit von 13 Einzelteilen. Seine Visitenkarte geriet dementsprechend lang. Einmal wurden bei einer Auslandsreise mit den Offizieren eines amerikanischen Kriegsschiffes Visitenkarten getauscht. Ein amerikanischer Seeoffizier nahm die Karte des österreichischen Linienschiffsleutnants in die Hand, studierte sie lange und genau und sagte endlich, sichtlich beeindruckt: ‚Must be very expensive to cable it!‘“

„SCHABERNACK“

H. F. M.: „Und aus dem jetzigen Bundesheer fällt dir dazu nichts ein?“
G. V.: „Ja, mit den Hugenotten geht's weiter. Eine uralte Soldatenfamilie, in Paris gibt's sogar eine Avenue Marschall Segur, diente auch in österreichischen Armeen. August Graf Segur-Cabanac, der spätere General, war als junger Oberleutnant ein besonders auf die Einhaltung militärischer Formen bedachter Offizier in der Kaserne Ebelsberg. Er scheute nicht davor zurück, seine Überkorrektheit auch Soldaten anderer Kompanien spüren zu lassen. Das ließ sich sein bürgerlicher Kamerad, der spätere Oberst Preissler, nicht gefallen und drohte mit folgendem Wortspiel: ‚Se, Segür, Se, i sag Ihnen was, wann Se meine Leut' següren, werd' i mit Ihnen an Schabernack machen!‘“

ABSCHIED

G. V.: „Von Helmut Zilk heißt es, er duze mehr Leute, als er kenne. Und wenn Erwin Pröll von allen gewählt würde, die er duze, hätte er, so wurde in St.Pölten gerechnet, eine satte Zwei-Drittel-Mehrheit. Es ist also höchste Zeit, daß wir uns mit dem in Österreich nicht unwesentlichen Kapitel des Duzens und Siezens beschäftigen; Thomas Chorherr, Herausgeber der ‚Presse‘ hat dem richtigen Titulieren sogar eine ganze Seite seines Qualitätsblattes gewidmet.“
H. F. M.: „Eine köstliche Schnurre, die allerdings in mehreren Fassungen existiert, beschäftigt sich mit dem Umgang mit dem in Österreich so vertrauten Du.
Da ist also noch in den Zeiten der Monarchie ein altgedienter Sektionschef – sogar sein Name wurde offen kolportiert, es war Max Wladimir Freiherr von Beck, und das Ministerium war jenes für Ackerbau – da ist also dieser Sektionschef plötzlich vom Kaiser zu höchsten Kabinettsehren berufen worden, ja, er wurde sogar zum Ministerpräsidenten ernannt.
Zur Verabschiedung des also Geehrten hatten sich die einstigen Kollegen versammelt, um ihrer Freude Ausdruck zu ge-

ben, daß einer von ihnen künftig der Regierung vorsitzen werde. Der dienstälteste Sektionschef nahm das Wort und sagte sinngemäß: ‚Daß du, lieber Freund ...‘, und dann folgten die in solchen Fällen gewohnten Elogen. Der frischgebackene Ministerpräsident dankte herzlich, verfehlte jedoch nicht, freundlich, aber bestimmt zu äußern, daß er, da er vom Kaiser in das höchste Amt berufen worden sei, ‚Sie, meine Herren bitten muß, auf das gewohnte Du zu verzichten.‘ Nach dem ersten Schock trat der beamtete Wortführer noch einmal vor den einstigen Kollegen: ‚Darf ich noch einmal das vertraute Du an dich richten. Leck mich ...‘ Sprach's und ging in Pension.“
G. V.: „Da hat's der Viktor Klima einfacher. Als er im Jänner 1997 Bundeskanzler wurde und ihn die Beamten des von ihm bisher geleiteten Finanzministeriums verabschiedeten, erklärte er stolz, daß er schon mit jedem Sektionschef seines Ministeriums per du sei.
Einer davon hat mir aber anvertraut, daß er elf Monate standhaft das Sie verteidigt hat.“
H. F. M.: „Und wie lange war Klima Finanzminister?“
G. V.: „Zwölf Monate.“

MITLEID

H. F. M.: „Bleiben wir gleich bei Klima und dessen Nachfolger Rudolf Edlinger. Der ging jüngst durch die Kärntner Straße, und da er noch Zeit bis zum nächsten Termin hatte, setzte er sich kurzerhand in den ‚Schanigarten‘ des Hotels Ambassador und bestellte sich angesichts der Hitze ein Bier. Plötzlich trat ein besonders kräftiger Mann auf ihn zu: ‚San Sie net der Edlinger?‘ Der zögert einen Moment, könnte doch die grimmige Miene des Mannes mehr als nur eine Frage erwarten lassen. Edlinger entscheidet sich für die Ehrlichkeit: ‚Ja, i bin der Finanzminister.‘ Da schüttelt der gute Mann den Kopf und meint ebenso ehrlich: ‚Sie ham wirklich a Scheiß-Hack'n.‘“

BOLSCHEWIK

„Bei seiner Ernennung zum Klima-Nachfolger war das Urteil der Medien noch nicht so freundlich wie im Sommer 1998, wo er von einem Nachrichtenmagazin zum Klassenbesten der Regierung Klima I gewählt wurde.
Die ‚Presse' bezeichnete ihn sogar als roten Salonbolschewiken. Wer geglaubt hätte, Edlinger sei wegen dieser negativen Punzierung sauer gewesen, der irrt: ‚Das dokumentiert meine Wandlung, weil jetzt bin ich ein neo-liberaler Wirtschafter.'"

MONTENEGRO

G. V.: „Die folgende Erzählung stammt von dem genialen G'schichtenerzähler Peter Weiser und hat zeitlose Bezüge.
König Nikita von Montenegro feierte 1903 sein 25jähriges Regierungsjubiläum, und da der Balkan damals wie heute ein Pulverfaß war, kam alles, was Rang und Namen hatte. So auch der Abgesandte des russischen Zaren, ein Graf Hartwig, den man ruhig als den Richard Holbrooke der Jahrhundertwende bezeichnen darf, da er in ständiger Pendelmission unterwegs war, um das fragile Gleichgewicht zu stabilisieren.
Nach dem Dinner kommt der Graf zu Nikita: ‚Majestät, es ist etwas Schreckliches passiert. Man hat mir meine Tabatiere gestohlen, ein persönliches Geschenk von Zar Nikolaus, und bei jeder Audienz frägt er nach seiner Tabatiere. Meine Karriere, mein Einfluß steht auf dem Spiel, wenn das Prunkstück nicht wieder auftaucht.'
Der König: ‚Wo sind Sie gesessen, Graf?' – ‚Ich kann Ihnen die zwei Hajduken zeigen, die mich bedient haben.' Nikita unwirsch: ‚Auf die Hajduken kann ich mich verlassen. Neben wem sind Sie gesessen?' ‚Links saß der serbische Finanzminister, rechts der rumänische Kriegsminister.' Der König versprach, zu schauen, was sich machen läßt. Eine halbe Stunde später gibt er dem überglücklichen Grafen die Tabatiere zurück. ‚Wer hat sie gehabt?' fragt der Abgesandte des Zaren. Nikita: ‚Der serbische Finanzminister.' – ‚Und was hat er gesagt?' Der König: ‚Er hat gar nichts gemerkt.'"

PORNOSTAR

G. V.: „Eine Notiz im renommierten ‚Börsen-Kurier' brachte dieser Tage Erstaunliches ans Tageslicht.
Rosa Mayreder, die züchtig unseren 500-Schilling-Schein ziert, als wäre sie eine potentielle Novizin für ein Frauenkloster, war nicht nur neben Bertha von Suttner einer der führenden Köpfe der österreichischen Frauenbewegung, sie war die Skandalnudel des Fin de Siècle schlechthin.
In ihrer Zeitschrift ‚Zur Kritik der Weiblichkeit' wurde sie nicht müde, den erotischen Unterbau der Frauenbewegung zu betonen. Dieser Linie folgend, ließ sich die gute Frau mit entblößtem Unterleib und gespreizten Schenkeln auf einem Hochrad fotografieren. Das Foto – so die Notiz im strengen ‚Börsen-Kurier' – wäre sogar für die heutige deutsche Ausgabe des Playboy zu aufreizend."
H. F. M.: „No, hätt' man sie nicht so auf dem 500er abbilden sollen?"
G. V.: „Die Antwort gab schon vor dir der Doyen der Berufsdetektive, Walter Penk-Lipovsky: ‚Wenn sie die Nationalbank so abgebildet hätte, wären die Scheine zumindest von den Männern nie ausgegeben worden.'"

VORBILD 1

G. V.: „Es war eine jener legendären Club-2-Sendungen, die heute noch bei vielen Sehern eine kräftige Club-Nostalgie aufkommen lassen. Gestritten wurde um den vielgescholtenen Opernball. Eingeladen waren Personen, die gleichzeitig auch Synonyme waren: ein Psychologe mit Ziegenbart, ein fast zahnloser Kaffeehausliterat, eine buntscheckige Punkerin und eine, nein *die* Dame der Gesellschaft für diesen Anlaß: Lotte Tobisch. Es ging heiß her, in und auch noch nach der Sendung. Als es ans Heimfahren ging, bot Frau Tobisch der Punkerin an, sie mit ihrem Golf in die Stadt mitzunehmen. Eine halbe Stunde zu zweit genügte, und die junge Revoluzzerin sagte artig zum Abschied: ‚Küß' die Hand, gnädige Frau!'"

VORBILD 2

H. F. M.: „Weißt du eigentlich, warum der Peymann auf den von ihm anfänglich so verteufelten Opernball ging? Peymann wörtlich: ‚Ich bin dem Rat der Damen in der Neuwaldegger Sauna gefolgt. Die haben zu mir gesagt, so was darf ich nicht versäumen.‘“
G. V.: „Hätte er vielleicht auch in anderen Fragen den Damen von der Neuwaldegger Sauna folgen sollen?“
H. F. M.: „Beim Thema Opernball darf der Richard Lugner doch nicht fehlen?“
G. V.: „Die Eva Deissen hat einmal gemeint: ‚Pour la bonne règle‘ kann man in einer Betrachtung der Wiener Gesellschaft an ihm nicht vorbei. Alle können 364 Tage im Jahr über ihn spötteln. Aber am 365. Tag, dem des Opernballes, knien sie alle vor seiner Loge und erflehen einen Wortfetzen des von ihm per Agentur angemieteten ‚Weltstars‘.“

AUFBEWAHRUNGSORT

H. F. M.: „Kaiser Franz Joseph war nun einmal nicht jemand, der an der Spitze des technischen Fortschritts stand. Zwar gibt es Dutzende Bilder, die ihn bei Vorführungen später revolutionierender Erfindungen zeigen, wie etwa des Kinomatographen, des Autos, zuerst des Luftschiffes, dann des Flugzeuges, aber diese Bilder zeigen doch eine deutliche Skepsis des Monarchen gegenüber technischen Neuerungen. So war es auch mit dem Telefon. Über Drängen seines Leibkammerdieners Eugen Ketterl wurde also einer dieser neumodischen Apparate angeschafft. Franz Joseph wollte aber absolut nicht, daß das Ding auf seinem Schreibtisch aufgestellt wurde. So wurde er in die Doppeltür verbannt, hinter der sich der Leibstuhl verbarg. Als der Kaiser einmal dort weilte, läutete das Telefon. ‚Warten!‘ rief Franz Joseph. Es läutete abermals. ‚Warten‘, donnerte der Kaiser, es schien fast, als meine er, daß der Anrufende seine Worte am anderen Ende des Drahtes hören müsse.
Aber das rücksichtslose Telefon läutete ein drittes Mal, und

der verzweifelte Kaiser rief nach seinem Kammerdiener: ‚Ketterl, Ketterl, da will einer reden, schau'n S', wer das ist.' Es war nur der Leibkutscher, der sich den Befehl holen wollte, ob er den offenen oder den geschlossenen Wagen nehmen solle, da das Wetter unsicher sei."
G. V.: „Resümee: So trieb ein Kutscher den Kaiser von Österreich auf einem intimen Ort zur Eile an. Dann darf man sich nicht wundern, warum ein Kaiser gegen den sogenannten technischen Fortschritt ist."

SYMPHONIE

G. V.: „Wir machen einen gewaltigen Sprung in die Jetztzeit und kommen damit gleich zur Handymanie. Bei der Präsentation des jüngsten Buches von ÖVP-Klubobmann Andreas Khol ‚Mein politisches Credo' läuteten während der Laudatio von ÖVP-Chef Wolfgang Schüssel gleich mehrere Handys mit unterschiedlichen Signal-Melodien. Schüssel schlagfertig: ‚Könnten Sie die Symphonie einstellen?'"

WICHTIG

H. F. M.: „Ähnlich erging es kürzlich unserem Kollegen Josef Broukal bei der Präsentation eines neuen Internet-Produktes. Der Interruptus erinnerte ihn spontan an die Frühzeit der ‚Signaltechnik', der piepsenden japanischen Digitaluhren. Als so ein Ding in einer Sitzung bei ORF-Chef Gerd Bacher losging, meinte der irritiert: ‚Wer ist hier so wichtig?' Und als dann die Pager aufkamen und ebenfalls eine Bacher-Sitzung störten, meinte der TschiEi schon grimmiger: ‚Wer nimmt sich hier so wichtig?'
Broukal: ‚Gott sei Dank ist er noch vor der Handymanie in Pension gegangen.'"

KLEIDER MACHEN LEUTE

Tun sie das? Nicht wirklich. Das elitärste Kleidungsstück, der Frack, ist gleichzeitig das egalitärste: im Frack sind alle Männer gleich – vorausgesetzt, sie können sich benehmen. Er kaschiert auch die finanziellen Unterschiede, denn man kann sich einen Frack um wenig Geld leihen. Der einzige äußerliche Unterschied sind die Orden; und die kann man bekanntlich „kaufen".
Bestimmt nicht eher die gesellschaftliche Position die Kleidung? Auf Franz Joseph traf das sicher zu.
Sein geschmacklicher Spielraum war eng begrenzt, trug er doch fast nur Uniform. Und da war alles reglementiert, von der Kappenhöhe bis zur Knopfgröße, von der Kragenhöhe bis zu den Aufschlägen. Die waren übrigens ein wahres Farbenkastl, von hechtgrau bis flaschengrün, von safrangelb bis karmesinrot. Selbst die Breite der Lampassen, der roten Streifen an den Generalshosen, war genau festgelegt.
Da konnte ein Kanzler Kreisky schon mehr seine Vorlieben pflegen. Und die waren – was Tuch und Schuhe betrifft – meist britischer Herkunft. Er trug mehr Zwei- als Einreiher, und diese meist mit Weste. Auch Nadelstreif war oft angesagt, der dann aber kräftiger im Strich als bei den meisten heimischen Bankern, also italienisch und nicht britisch.
Und die Damen der Gesellschaft. Früher mehr ein- und zugeschnürt, derzeit schon mehr Ein- als Aussichten. Und erst die Röcke! Einst knöchellang und nur gelegentlich geschürzt, heute umgekehrt. Die Damen ziehen sie ständig nach unten, damit sie beim Sitzen länger werden.

K.U.K SOZIALDEMOKRATIE

H. F. M.: „Womit fangen wir an? Oben oder unten? Mit dem Kopf oder den Füßen?“
G. V.: „Wir fangen ganz im Sinn der Einleitung beim Frack als egalitärem Kleidungsstück an.“
H. F. M.: „Vielleicht gar in der Monarchie?“
G. V.: „Richtig! Und die folgende Anekdote konnte herrlich der Kreisky erzählen. Und die ging so: Die Sozialdemokraten machten im Parlament immer mehr von sich reden, so daß der Kaiser eines Tages den Wunsch ausdrückte, einen Abgesandten kennenzulernen. So wurde im Parteivorstand besprochen, wer zum Kaiser gehen soll. Und da entschied Victor Adler, daß dem Kaiser der spätere Wiener Bürgermeister Karl Seitz am besten gefallen werde, denn Seitz war ein schöner Mann, wie man in Wien zu sagen pflegte.“
H. F. M.: „War der auf eine Audienz bei Hof vorbereitet, vom Protokoll wie von der Kleidung her?“
G. V.: „Das war denn auch die Frage, an der die Sache zu scheitern drohte. Denn der Vertreter des Hofes bestand darauf, daß Seitz in Uniform erscheinen müsse. Aber der war nie Offizier gewesen. ‚Dann kommen Sie halt im Frack.‘
Seitz erwiderte: ‚Wir tragen keinen Frack.‘ Darauf unterblieb lange Zeit der Besuch, bis endlich Franz Joseph sich erkundigte und einer der Hofschranzen erwiderte: ‚Majestät, Offiziere haben sie offenbar keine, und Frack tragen sie auch nicht.‘ Der Kaiser entschied, Seitz möge kommen, wie es ihm passe.“
H. F. M.: „Und was zog er an?“
G. V.: „Kreisky wörtlich: ‚Karl Seitz mit seinem gesunden Instinkt für das wahrhaft Elegante ließ sich einen Gehrock machen, der übrigens genauso teuer wie ein Frack war und sogar mehr Stoff brauchte.‘“

KRAGENKNOPF

H. F. M.: „Viel zugeknöpfter, in vielfältiger Hinsicht, war da schon ‚Vranz‘ Vranitzky. Der aus Wien stammende ‚Time‘-

Boß und einstige US-Botschafter in Österreich, Henry Grunwald, hat das sogar für so charakteristisch empfunden, daß er es in seinen Lebenserinnerungen (‚One Man's America') vermerkt hat.
Grunwald über Vranitzky: ‚Seine Frau erzählte mir, er sei so zugeknöpft, daß er sogar den obersten Kragenknopf seines Polohemds nicht öffnet.'"
G. V.: „Und sonst stand nichts über ihn drinnen?"

ÜBEREINSTIMMUNG

H. F. M.: „Der damals 24jährige Bruno Kreisky wurde 1935 wegen illegaler politischer Betätigung von der Polizei der Regierung Schuschnigg verhaftet.
Ein Jahr später wurde er im sogenannten ‚Sozialistenprozeß' vor Gericht gestellt und verurteilt.
Bald nach seiner Verhaftung schrieb Kreisky seinem Vater einen Brief und bat um einige Kleidungsstücke, darunter eine Krawatte, wobei er hinzufügte: ‚Die Krawatte muß nicht rot sein, da ich auf Übereinstimmung von Gesinnung und Krawatte keinen Wert lege.'"

KLEIDERPAUSCHALE

G. V.: „Die Ideologie auch in Kleiderfragen machte den Sozialdemokraten später noch zu schaffen. Auch hier ist Bruno Kreisky unser Gewährsmann. Als er nach dem Wahlsieg vom März 1970 die von ihm geführte erste SPÖ-Alleinregierung erstmals im Bundeskanzleramt versammelte, erwarteten alle von ihm eine lange Grundsatzrede. Statt dessen ermahnte er seine Genossen: ‚Jetzt sind wir in der Regierung. Da müßt's euch ein paar ordentliche Anzüge kaufen.'
Handelsminister ‚Pepi' Staribacher protestierte. Er wolle künftig nicht wie ein Kapitalist herumlaufen.
Kreisky brummend: ‚Pepi, du hast jetzt eine Repräsentationspauschale. Wenn du das nicht verbrauchst, verwendest du Steuergeld bestimmungswidrig. Kauf dir gefälligst einen neuen Anzug.'"

LORD TLAPA

H. F. M.: „Da hat es dann schon gereicht, wenn einer nur halbwegs modisch angezogen war, daß er aus dem Kleiderkollektiv herausstach wie Innenminister Erwin Lanc."
G. V.: „Der taxfrei zum ‚Lord Lanc' wurde, weil er seine Anzüge halbfertig beim Tlapa auf der Favoritenstraße kaufte. Was aber dem Volk, wie folgende Schnurre zeigt, doch einige Probleme bereitete: Als Verkehrsminister hatte Lanc im Ländle eine Seilbahn zu eröffnen und schwebte nach stundenlangen Ansprachen samt Feldmesse mit dem ‚schwarzen' Landeshauptmann Kessler nach oben.
Ruft ein Klostertaler fragend den Politikern nach: ‚Und wer ischt da der Rote aus Wien?'
Antwort aus der Menge: ‚Heut kenscht es ja nit amol mehr nachn G'wand, ob's so einer isch oder ein anderer.'"

ZYLINDER

H. F. M.: „Der Sozialdemokrat Kreisky konnte selbst mit

dem Kleidungsstück, das wie kein anderes den Kapitalismus symbolisierte, dem Zylinder, besser umgehen als viele Bürgerliche. Der einstige Kreisky-Sekretär Johannes Kunz erzählt die folgende Geschichte mit Vorliebe: Als Staatssekretär nahm K. an einer Auslandsreise mit Bundeskanzler Raab und Vizekanzler Adolf Schärf teil. Ziel der Reise war ein europäischer Königshof. Dort angekommen, stellten die Herren fest, daß keiner einen Zylinder mitgenommen hatte.
Die Lösung des Problems kann durchaus als typisch ‚österreichisch' bezeichnet werden: Raab betrat den Audienzsaal des königlichen Hofes mit dem Zylinder in der Hand. In einem unbemerkten Augenblick übergab er ihn an Schärf, der ihn wiederum nach kurzer Zeit Kreisky in die Hand drückte. Dieser konnte ihn dann protokollgerecht aufsetzen, als die drei Herren den Palast verließen."

ROTER SALON

H. F. M.: „Kreiskys Lebensstil war ja eines der Geheimnisse, warum viele bürgerliche Wähler seinem Aufruf folgten, mit ihm ein Stück des Weges gemeinsam zu gehen, wobei das natürlich politisch gemeint war. Nach dem kapitalen Wahlsieg 1971 kam als Abgesandter der deutschen Schwesterpartei, der SPD, der spätere Minister Horst Ehmke nach Wien. Kreisky speiste mit ihm im noblen Hotel Sacher, was Ehmke zur Bemerkung veranlaßte: ‚Schöne Sozialisten, die im Sacher sitzen.'
Kreisky ungerührt: ‚Immerhin sitzen wir hier im roten Salon!'"

IDEOLOGIE ODER GESCHMACK

H. F. M.: „Vom Frack zu den Schuhen. Fällt dir da was ein?"
G. V.: „Bruno Kreisky liebte so wie du den britischen Stil. Dazu gehörten natürlich maßgeschneiderte Kappenschuhe. Und die konnte in Wien niemand besser über den sprichwörtlichen Leisten schlagen als der einstige k.u.k. Hofschu-

ster Materna. Als Kreisky einmal dort zur Probe war, betrat ein junger Offizier adeliger Abstammung das Geschäft, musterte Bruno K. erstaunt und meinte dann: ‚Wie kommt ein Sozialist zum kapitalistischsten Schuster von Wien?‘
Kreiskys Antwort kam prompt: ‚Junger Mann, was hat Ideologie mit Geschmack zu tun?‘“

DOPPLER

H. F. M.: „Um zu demonstrieren, daß teure Maßschuhe langfristig gerechnet eigentlich billig sind, zeigte er gerne ein Uralt-Paar her: ‚In diesem Paar bin ich bereits 1938 von der Gestapo verhaftet worden, und sie mußten seither nur zweimal gedoppelt werden!‘“

KAISERLICHE HOHEIT

H. F. M.: „Zum Thema Kaiserkrone haben wir keine Schnurre im Fundus?“
G. V.: „Kaiserlich ist nur die Pointe! Laß mich erzählen: Der weltbekannte Tenor Leo Slezak war im Schnellzug unterwegs von Wien nach Amsterdam, wo er in der Oper ‚Der Prophet‘ von Giacomo Meyerbeer die Titelpartie singen sollte. Mit im Gepäck eine unansehnliche Hutschachtel, in der er die speziell für seinen wuchtigen Schädel angefertigte Krone mit sich führte. Der Zollbeamte wollte unbedingt die Schachtel öffnen; Slezak hielt die Hand fest drauf. Der Zöllner wurde lästig: ‚Wenn Sie mich nicht hineinschauen lassen, kann ich Sie nicht über die Grenze lassen.‘“
H. F. M.: „Und wie ging die Geschichte aus?“
G. V.: „Slezak gab nach, und als die Schachtel offen war, sah der Zöllner die mit (falschen) Juwelen übersäte Krone. Erschreckt trat einen Schritt zurück: ‚Pardon, Kaiserliche Hoheit, war nicht so gemeint.‘“

DIADEM

H. F. M.: „Ja, wenn die Zöllner noch so respektvoll wären wie damals . . .“
G. V.: „Wie meinst du das?“
H. F. M.: „Dann hätte der Kaiserenkel Karl, der älteste Sohn vom Otto, nicht solche Schwierigkeiten mit dem Diadem für seine Frau Francesca gehabt, das der Zoll in seinem Gepäck am Flughafen Hohenems fand. Auf die schon klassische Frage: ‚Haben Sie etwas zu verzollen?‘ hat der frischgebackene Europa-Abgeordnete geantwortet: ‚Nur Spielzeug für die Kinder.‘ Die Zöllner waren aber mißtrauisch und durchwühlten die Koffer. Und da kam ein prunkvolles Diadem mit Brillanten und Smaragden zum Vorschein – geschätzter Wert: 630.000 Schilling.“
G. V.: „Und kein Zöllner trat einen Schritt zurück und sagte: ‚Pardon, Kaiserliche Hoheit.‘“
H. F. M.: „Nein, die haben ihn wie einen normalen Staatsbürger behandelt und ihn in einem Zollstrafverfahren zu knapp 200.000 Schilling Strafe verurteilt. Basta.“
G. V.: „Gott sei Dank hat das der Kaiser nicht mehr erlebt.“

TEMPELTÄNZER

G. V.: „Mit dem Zoll haben nicht nur gekrönte Häupter ihre Schwierigkeiten. Die weltbekannte Sopranistin Ljuba Welitsch fliegt nach New York an die Metropolitan, um die Salome zu machen, und vergißt in Wien ihr duftiges Kostüm. Sie schickt ihrem Partner Paul Schöffler ein Telegramm: ‚Bitte bring das Kostüm aus Wien mit!'
Beim US-Zoll fragten kopfschüttelnd die Beamten: ‚Wieso tragen Sie so etwas?' ‚Weil ich ein indischer Tempeltänzer bin', war die Antwort des berühmten Sängers."

LAUSBUA

H. F. M.: „Nochmals zurück zur Kaiserkrone. Am 12. November 1918, dem Tag, an dem die Republik ausgerufen wurde, ging der später weltberühmte Tenor Hans Beirer, damals knapp zwölf Jahre alt, mit einer papierenen Kaiserkrone durch die Neunkirchner Straße in Wiener Neustadt, als ein Demonstrationszug daherkam. Ein alter Polizist, der den Vater Beirers gut kannte, meinte sorgenvoll: ‚Lausbua, geh' weg, sonst derschlagen s' di!'"

DES KAISERS BUNTE KLEIDER

Franz Joseph zeigte sich öffentlich fast ausschließlich in Uniform; sieht man von der Jagd in Bad Ischl ab, wo er selbstverständlich Lederhose trug, und von einigen wenigen Festen im engsten Familienkreis, dort bevorzugte er den schlichten schwarzen Anzug, wie ihn auch seine Bürger zu ähnlichen Anlässen trugen. Im Umgang mit Zivil allerdings war Seine Majestät eher hilflos.

FELDANZUG

H. F. M.: „Es war im Sommer 1872, als Franz Joseph zu einem – wie man heute sagen würde – Gipfeltreffen nach Berlin reiste. Im damaligen Diplomatensprech hieß das Treffen zwischen dem deutschen und dem österreichischen Kaiser sowie dem russischen Zaren allerdings ‚Dreikaiserverständigung'.
Bei Franz Joseph war die Wunde nach der Niederlage von Königgrätz noch nicht verheilt und die Aversion gegen das Deutsche Reich nach dem Sieg über Frankreich 1871 neu gefestigt. Gemäß dem Protokoll mußte er in Berlin aus Höflichkeit gegenüber dem Gastgeber eine preußische Uniform tragen. Diese gespannte Situation kommentierte der Kaiser so: ‚Ich komme mir vor, als zöge ich nun gegen mich selbst zu Feld.'"

SCHWEDENBOMBE

G. V.: „Damals war es ja üblich, daß die gekrönten Häupter Europas sich gegenseitig die Inhaberschaft über Regimenter ihrer Armeen verliehen."
H. F. M.: „Und Aufmerksamkeit gegenüber Gästen war für Franz Joseph ein besonderes Anliegen. Als König Gustav V. Adolf von Schweden im November 1908 zu Besuch in Wien angesagt war, hatte der Kaiser erfahren, daß einige Wochen vorher in Schweden neue Uniformen eingeführt worden waren. Durch einen Spezialkurier ließ er sich rechtzeitig eine dieser neuen Uniformen nach Wien bringen.
Als der Hofzug mit dem schwedischen Königspaar am Bahnsteig vorfuhr, präsentierte sich der österreichische Monarch in der neuen schwedischen Uniform. Der König von Schweden wollte seinen Augen nicht trauen. Er war noch in der alten angereist."

PAPIERBOOT

H. F. M.: „Da fällt mir noch eine köstliche Marineschnurre ein."
G. V.: „Du mit deiner Marine! Ich war schon ganz verwundert, daß du zu deinem Lieblingsthema so lange geschwiegen hast."
H. F. M.: „Erzherzog Franz Ferdinand war ein begeisterter Förderer der Marine. Und Franz Joseph war genau das Gegenteil. Eines Tages fragte ihn der Thronfolger, warum er nicht einmal den Seeoffizieren eine Freude machen wolle und sich in Marineuniform zeige."
G. V.: „Und was hat der Kaiser zu dem Vorschlag gesagt?"
H. F. M.: „Na, der lachte herzlich und meinte: ‚Ich bin nicht einmal imstande, ein Papierboot meiner Enkel hier im Bassin vor der Villa in Bad Ischl zu steuern; wie käme ich also dazu, mich als Admiral zu kostümieren!'
Und nach allem, was wir wissen, hat Franz Joseph tatsächlich nie eine Marineuniform getragen!"

DER UNTERSCHIED

H. F. M.: „Unter dem Marinebefehlshaber Admiral Montecuccoli wurde wieder einmal – wie so oft – an der Adjustierung herumgebessert. Dabei wurde vorgeschlagen, die am Rand der Kappe angebrachten Goldstreifen nach britischem Vorbild durch entsprechende Distinktionen am Kappenschirm zu ersetzen. Diesem Vorschlag widersetzte sich jedoch ein älterer Admiral heftig und begründete dies damit, daß es dann überhaupt nicht mehr möglich sein werde, von hinten einen Admiral vom allerjüngsten Seekadetten zu unterscheiden. Da klopfte Montecuccoli dem Kameraden beruhigend auf die Schulter und lachte: ‚Na, mein Alter, uns zwei wird man auch dann sicher noch von einem Seekadetten unterscheiden können.'"

VON DER WIEGE BIS ZUR BAHRE

Der Hang des Österreichers, speziell des Wieners, zum Totenkult ist hinlänglich bekannt und wurde oft beschrieben. A schöne Leich geht dem Wiener mehr ins G'müat als viele erfreulichere Ereignisse des Lebens.
Drei Begräbnisse wollen wir vor allem herausstreichen: das vom 18. November 1916, als mit dem 86jährigen Franz Joseph die Habsburgermonarchie in Wirklichkeit bereits zwei Jahre vor ihrem Ende zu Grabe getragen wurde, der fernsehgerechte Weg der letzten Kaiserin Zita im Frühjahr 1989 in die Kapuzinergruft durch das republikanische, sozialdemokratische Wien und die Bestattung des großen Kriegshelden Wenzel Graf Radetzky 1858 in Kleinwetzdorf im Weinviertel – ein Heldenepos endete als Schauerstück.
Dazwischen legen wir noch ein paar Bundespräsidenten zur Ruhe, die einzigen Begräbnisse, wo auch die Republik zu einer gravitätischen Inszenierung imstande war.
Eine Ausnahme bildet da das Burgtheater, das seinen Direktoren im Tod noch eine Ehrenrunde um die geliebte oder verhaßte Wirkungsstätte gestattet. Ob das bei Peymann auch der Fall sein wird, können wir noch nicht abschätzen. Falls er aber seine österreichische Staatspension doch hierzulande aufzehrt – wer weiß?

HELDENBERG

G. V.: „Für Heldenverehrung in der Monarchie bist du zuständig. Auch wenn wir nicht gleich bei der Seebestattung anfangen wollen. Denn da wurde ja der Leichnam schlicht in einem Leinensack ins Wasser gelassen. Aber für den Feldmarschall Radetzky wär' das sogar angenehmer gewesen."

H. F. M.: „Das skurrilste Begräbnis des alten Österreichs brach wirklich alle Normen. Der alte Schlachtenlenker sollte ja, so der Wunsch des jungen Kaisers, im Stephansdom neben dem Leichnam Prinz Eugens bestattet werden. Wenn da nicht ein gewisser Joseph Gottfried Pargfrieder, ein dubioser Armeelieferant mit einer kuriosen Leidenschaft gewesen wäre, wie Stephan Vajda so trefflich schreibt:

‚Er sammelte Leichen hochgestellter Helden. Und kaufte sie ihnen schon zu ihren Lebzeiten ab, indem er regelmäßig ihre Schulden beglich. Davon hatte ja der Feldmarschall aus dem böhmischen Kleinadel eine gewaltige Menge, liebte er ja das Leben und besonders die Frauen.'

Der Kaiser versuchte es zuerst mit Geld: Er bot Pargfrieder an, die Leiche für jeden Preis zu kaufen. Doch Geld hatte der Armeelieferant genug; er suchte ja Anerkennung und lehnte untertänigst ab. Dann wollte Franz Joseph die ganze Anlage, den grauenhaften Heldenberg samt Grabkammern und gußeisernem Panoptikum an Heldenb(r)üsten für das Haus Habsburg erwerben.

Pargfrieder sagte abermals untertänigst nein. Er lud aber den Kaiser zum Begräbnis *seines* Feldmarschalls am 19. Januar 1858 nach Kleinwetzdorf bei Ziersdorf ein.

Der Monarch nahm auch die letzte protokollarische Hürde, um dem geliebten Heerführer die letzte Ehre erweisen zu können. Da der Kaiser von Österreich nach damaligem Selbstverständnis der Einladung einer bürgerlichen Person nicht Folge leisten durfte, mußte er den einstigen Schulgehilfen Pargfrieder am Vorabend des Begräbnisses in den Ritterstand erheben. Und der war damit mehrfach zufriedengestellt: er wurde fünf Jahre später in einer Ritterrüstung Seite an Seite mit dem Sieger von Custozza und Novara in einem ägyptischen Obelisken bestattet, als würde er ihn, die Beute seines Lebens, auch im Tod noch bewachen.

Der Eingang zur Krypta hat nämlich kein Schloß."

EINZUG

H. F. M.: „Dem großen englischen Schriftsteller Mark Twain, der sich nach dem Tod der Kaiserin Elisabeth zufällig in Wien aufhielt, verdanken wir eine sehr einfühlsame Beschreibung der Heimkehr der Toten am 17. September 1898: ‚Zweimal zog die Kaiserin in vollem Ornat in Wien ein. Das erste Mal kam sie 1854 als Braut von sechzehn Jahren, mit Fanfarenklängen und maßlosem Pomp an jubelnden Menschenmauern entlang. Das zweite Mal betrat sie die Stadt in ihrem Sarg, dieselben Straßen entlang erneut zwischen Mauern von Menschen.
Aber diesmal herrschte Schweigen – ein Schweigen, das noch unheimlicher wirkte durch die gedämpften Hufschläge der langen Kavalkade und durch das leise Schluchzen grauhaariger Frauen, die ihre erste Ankunft vor vierundvierzig Jahren miterlebt hatten, als sie noch jung waren und nichts ahnten vom Lauf der Geschichte.‘“

TESTPERSON

G. V.: „Nichts ist peinlicher als eine Panne bei einem offiziellen Begräbnis. Daher planen die zivilen, noch mehr aber die militärischen Zeremonienmeister den Ablauf des Konduktes bis ins kleinste Detail.
Im August 1966 beim Begräbnis des ersten Militärbischofs des Bundesheeres, Monsignore Innerhofer, eines sehr, sehr wohlbeleibten 65jährigen geistlichen Herren, übte man realitätsnah das Sargexerzieren.
Man legte den stärksten Unteroffizier eines Panzerbataillons in den offenen Sarg, um so die Sargträger an das respektable Gewicht des Verstorbenen zu gewöhnen.“

GRUFTVERBOT

H. F. M.: „Im Bundesheer wurde und wird doch auch die kaiserliche Traditionspflege sehr hochgehalten?“

G. V.: „So hoch, daß es schon wieder Anlaß für köstliche Anekdoten gibt. Etwa für die folgende: Für Oberstleutnant Huber besaß die Tradition einen besonders hohen Stellenwert. Sein Panzergrenadier-Bataillon hatte auch einen besonders glanzvollen Truppenkörper der k.u.k. Armee als Traditionseinheit zugewiesen bekommen, das Dragonerregiment Kaiser Nr. 11, dessen Inhaber Franz Joseph persönlich war. Der Oberstleutnant hielt es daher für seine selbstverständliche Pflicht, jährlich an Kaisers Geburtstag, dem 18. August, seine Offiziere in der Kapuzinergruft zu versammeln, um dem toten Regimentsinhaber die neu zum Bataillon ausgemusterten Offiziere vorzustellen (vor dem Ersten Weltkrieg fand ja die Offiziersausmusterung in Wr. Neustadt an Kaisers Geburtstag statt).
Als er sich eben anschickte, dem toten Monarchen den frisch ausgemusterten Leutnant Jilke vorzustellen, konnten zwei Oberleutnants das Lachen nicht mehr verbeißen und prusteten laut hörbar vor sich hin.
Der hohe Offizier überging – angesichts der Weihestätte – diesen Eklat. Aber schon auf der Treppe Richtung Neuer Markt herrschte er die beiden Übeltäter an: ‚Ich verbitte mir, daß in der Kaisergruft gelacht wird. Ab sofort haben beide Herren ‚Gruftverbot'.“

DEZENT

H. F. M.: „Das erste Staatsbegräbnis, das groß im Fernsehen gebracht wurde, war der letzte Gang von Bundespräsident Franz Jonas, dem einstigen Wiener Bürgermeister, über die Ringstraße, vorbei an seinen Wirkungsstätten.“
G. V.: „Wir sind damals ja noch mit Filmkameras unterwegs gewesen und waren alle noch relativ unerfahrene Reporter. Daher glaubte auch Chefredakteur Franz Kreuzer uns detaillierte Anweisungen mitgeben zu müssen. Kollegen Alfred Stamm etwa, jetzt Moderator der Früh- und Mittagsnachrichten im TV, trug er auf: „Nehmen S' die Frau Jonas dezent auf, aber rer'n soll man s' scho' sehn.“

TRAUERMUSIK

H. F. M.: „Und wie haben die Zeitungen solche Ereignisse bewältigt?"
G. V.: „Franz Jonas war zuletzt ja schon von seiner tödlichen Krankheit gezeichnet. Als einziges namhaftes Blatt besaß die ‚Kronen-Zeitung' keinen Anschluß an die APA, die Austria Presseagentur, über die wir ja stündlich die Mitteilung der Präsidentschaftskanzlei über den Tod erwarteten. Ich fragte damals Hans Mahr, Starreporter der Krone, inzwischen Informationsdirektor bei RTL in Köln: ‚Was macht's ihr, wenn der Jonas knapp vor Redaktionsschluß in der Nacht stirbt?' Die Antwort von Mahr war schon damals goschert und selbstbewußt: ‚Wir hören die ganze Zeit Ö3, und wann ihr auf Trauermusik umsteigt's, dann wissen wir, daß er gestorben ist.'"

NACHRUF

H. F. M.: „So ist es ja auch passiert. Der Bundespräsident starb gegen Mitternacht. In allen Zeitungsredaktionen hing neben der Druckmaschine – damals gab's ja noch den legendären Bleisatz – bereits der fertige Nachruf auf das verstorbene Staatsoberhaupt. Sofort wurde in Traueraufmachung angedruckt. Nur die ‚Arbeiter-Zeitung', das offizielle Organ der SPÖ, erschien ohne Würdigung des toten Bundespräsidenten. Deren Chefredakteur Manfred Scheuch hatte sich aus Pietätsgründen geweigert, über einen noch Lebenden einen Nachruf zu verfassen."

NACHWEINER

G.V .: „Der Bezug der Wiener zum Tod ist sicher schon ein paar hundertmal beschrieben worden. Trotzdem wollen wir noch eine besonders sarkastische Stimme dazu hören, Georg Kreisler, der mit seinen 76 Jahren zum zweiten Mal im Exil lebt . . ."

H. F. M.: „. . . der Taubenvergifter . . ."
G. V.: „. . . richtig. Der hat die Wiener als Volk von ‚Nachweinern' bezeichnet, daß sie einen erst hochleben lassen, wenn man tot ist."
H. F. M.: „Was ja bekanntlich auch der Hans Hölzl, alias Falco, jüngst erleben mußte."

SARGRUNDE

G. V.: „Zu den schönen Traditionen des Wiener Burgtheaters gehört, daß Direktoren und besonders verdiente Schauspieler im Sarg um das Haus am Ring getragen werden. Zuletzt etwa beim Iffland-Ring-Träger Josef ‚Pepi' Meinrad.
Der legendäre Theatermann Ernst Haeusserman saß einst sinnierend im Café Savoy, als sie seinen Vorgänger Josef Gielen, der alten Tradition gemäß, einmal um das Haus am Ring getragen hatten. Ein Kollege meinte: ‚Ernstl, wenn's das wirst, werden s' dich auch um die Burg herumtragen!' – ‚Nein', konterte Haeusserman, der bei seinem Freund, dem langjährigen Generalsekretär der Ersten Österreichischen Sparkasse tief in der Kreide stand, ‚mich werden s' um die Erste am Graben tragen!'"

JA, DERFEN S' DENN DAS?
Politik und Journalismus

Kein anderer Ausspruch kennzeichnet das Verhältnis Machthaber und Journalismus besser als der eben zitierte. Urheber ist der legendäre Kaiser Ferdinand der Gütige, der ihn 1848 prägte, angesichts der vor der Hofburg revoltierenden Studenten. Aber auch ein Jahrhundert später fühlten und fühlen sich viele demokratische Politiker bei Ferdinands Worten sehr wohl. Etwa der sozialistische Innenminister Otto Rösch, einst NAPOLA-Schüler im Dritten Reich, hielt's mit dem Kaiser Ferdinand, genauso wie manchmal die Sozialpartner-Zwillinge Rudolf Sallinger und Anton Benya.
Selbst Bruno Kreisky der Journalistenkanzler tat sich mit Kritik schwer und konnte die fordernde Frage von Ulrich Brunner, damals Chef der TV-Innenpolitik, nur mit dem verbalen Untergriff stoppen: „Lernen Sie Geschichte, Herr Reporter!"
Und Staatsvertragskanzler Julius Raab meinte gar gegenüber dem liberalen Verleger Fritz Molden: „Ihna z'druck i wia a Wanzn."
Erzherzog Albrecht schließlich warnte den jungen Kronprinzen Rudolf nach dessen ersten, anonymen Ausflügen in die Welt der Presse: „Der Nimbus geht nur zu leicht verloren, und es gibt nichts Zudringlicheres und Arroganteres, Korrupteres als unsere Journalistiker." Wir hoffen, Sie lesen trotzdem weiter.
Zumindest das Kapitel über die Karikaturisten.

CANAILLE

G. V.: „Gott sei Dank konnten wir diesen Beruf nicht schon in der Monarchie ergreifen, sonst wären wir vielleicht auch im Gefängnis gesessen, wie der Gründer und Inhaber der ‚Presse', August Zang. Weshalb eigentlich? Hatte er zum Sturz der Monarchie aufgerufen?"
H. F. M.: „Mitnichten. Der Anlaß des Konflikts mit dem Kaiserhaus war aus heutiger Sicht geradezu lächerlich. Jener Satz, der so ungeheure Aufregung auslöste, bezog sich auf Sisis einzigen bekannten Schönheitsfehler, ihre schlechten Zähne, und lautete: ‚Der Kuraufenthalt in Bad Kissingen hat auf die Kaiserin derart unliebsam gewirkt, daß sie dort leider mehrere ihrer schönsten Zähne einbüßte.'"
G. V.: „Dabei hat's damals noch keine Paparazzi gegeben."
H. F. M.: „Chefredakteur Zang wurde zum Kaiser und zum Außenminister zitiert. Es drohte ihm Haft wegen Majestätsbeleidigung. Und der Kaiser schrieb an seinen Bruder Maximilian: ‚. . . ich kann nicht dulden, daß Mitglieder der kaiserlichen Familie, besonders die Kaiserin, gegenüber einer solchen Canaille wie Zang kompromittiert werden.'"
G. V.: „Daraus ist dann offenbar der Begriff ‚Journaille' entstanden."

DIE FREUNDIN

H. F. M.: „Ganz anders hat die Presse allerdings bereits der Sohn des Kaisers, Kronprinz Rudolf, gesehen. Dem großen Chirurgen Theodor Billroth erläuterte Rudolf seine Haltung so: ‚Als Freundin ist sie eine große, starke Bundesgenossin, als Feindin kann sie einen sehr gefährlichen Krieg führen.'"

TINTENSTROLCHE

G. V.: „Die schärfste Kritik kommt bekanntlich von den enttäuschten Liebhabern eines Metiers.
Die schier unerschöpfliche Wut des Karl Kraus auf den Journalismus generell und die ‚Neue Freie Presse' im besonderen hatte tiefliegende Gründe ... Eine kleine Auswahl gefällig: ‚Tintenstrolche', ‚Fanghunde der öffentlichen Meinung', ‚Preßhyänen', ‚Journaille' und ähnliches mehr.
Das Feuilleton der ‚Presse' war für Karl Kraus ‚... die Kunst, auf einer Glatze Locken zu drehen'. Der böseste Satz war allerdings: „Die Presse ist auf das Niveau ihrer Leser gekommen.'"
H. F. M.: „Das ist aber auch das einzige Zitat von Karl Kraus, das im Jubiläumsband 150 Jahre Presse fehlt."

OTTO DER GROSSE
oder
Ein schwieriger Herr

Wer ihn nur aus Fernsehauftritten der letzten Jahre kennt, etwa als altersklugen Vor- und Nachdenker in der TV-Diskussionsrunde „Zur Sache", der kennt einen anderen Schulmeister als die, denen er noch aus der Steinzeit des Fernsehens ein Begriff ist, etwa aus der „Diskussion der Chefredakteu-

re". Ein streitlustiger, meist nach Luft und Worten ringender, die Kollegen – vor allem jene aus der linken Reichshälfte – geißelnder, das Abendland vor seinem permanenten Untergang rettender Bildungsbürger alter Wiener Prägung. „Die Presse" war sein Leben . . .

SCHAUSPIELER

H. F. M.: „Bevor ihn viele jüngere Presse-Redakteure leibhaftig zu Gesicht bekamen, hatten sie ihn schon im Fernsehen erlebt. Und waren dann doch einigermaßen erstaunt, als er in natura nicht anders war.
Eines Abends hielt O.S. der versammelten Mannschaft einen flammenden Vortrag, schrie die Jungen an, warum sie so wenig Leidenschaft entwickelten. Betretenes Schweigen. Einer der Altvorderen, der in der seltenen Gunst des Du-Wortes durch den Chefredakteur stand, der für Technik und Wehrpolitik zuständige Walther Urbanek, brach das Eis: ‚Du hättest doch zum Theater gehen sollen, Otto!'"

JEDERMANN

G. V.: „Es war bei den ‚Jedermann-Gesprächen' im ORF-Studio Salzburg. Der in der Rolle des TV-Moderators unerfahrene Schauspieler und Jedermann-Darsteller Helmut Lohner wurde gleich zu Beginn der Sendung vom wortgewaltigen ‚Papst der Literatur-Kritik' Marcel Reich-Ranicki vom Wort gedrängt, das dieser, nachdem er es sich genommen hatte, nicht mehr abgab. Als MRR's Stimme einen Moment schwächer zu werden schien, schleuderte ihm sein Visavis Schulmeister entgegen: ‚Einmal werden Sie atmen müssen!'"

ÖSTERREICHISCH

G. V.: „Weil wir gerade beim ‚Jedermann' sind. Das Spiel vom Sterben des reichen Mannes auf dem Salzburger Domplatz ist sehr zum Mißfallen der Theaterkritik nicht umzubringen. Der große Schauspieler und Regisseur Fritz Kortner hielt es für das verlogenste katholische Stück, das es in Österreich gibt. Der Mensch kann alle Sünden begehen, – wenn er sie vor dem Tod bereut, wird ihm vergeben. Kortner gallig: ‚Das ist österreichisch, wie der Ausspruch, wir wern schon kan Richter net brauchen . . .'"

BLEISATZ

H. F. M.: „Legendär, bewundert, aber auch gefürchtet waren die Leitartikel von O.S. – je nachdem, aus welcher Position man sie sah: als Zeitungswissenschafter, Leser oder Schlußredakteur. Es war, so berichtet unser Augenzeuge noch heute mit Schaudern, an einem Freitagabend Anfang der siebziger Jahre im alten ‚Pressehaus' an der Heiligenstädter Lände.
Der Samstag-Leitartikel Otto Schulmeisters hatte wieder einmal die gewohnte Verspätung. Endlich lag das Opus vor, fein säuberlich in Bleizeilen gegossen. Doch beim Herabheben passierte eine kleine Unachtsamkeit, und der gesamte Leitartikel landete in kleinen Häufchen auf dem Boden. Blankes Entsetzen bei der Techniker-Mannschaft, bleiche Gesichter bei den Schlußredakteuren. Doch wie Hans Werner Scheidl erzählt: Große Männer erweisen sich erst im Ungemach als richtig groß.

'Stellen Sie die Absätze hinein, wie's gerade kommt', befahl Schulmeister, ,man versteht's ja sowieso nicht.' In der Tat. Die Bewunderung der Leserschaft für O.S. war in Anrufen und Briefen grenzenlos: ,So gescheit – und so schwer zu verstehen . . .'"

WIE LANGE . . .

G. V.: „Mit der nächsten Schnurre schaffen wir nahtlos den Übergang zu einem weiteren Giganten des österreichischen Nachkriegsjournalismus. Seine Leitartikel waren ebenfalls jahrelang das Aushängeschild der von ihm geführten Zeitung, des ,Kurier'. Und auch diese Geschichte spielt noch in der Zeit des Bleisatzes und wurde von Dr. Hugo ,Nazionale' Portisch persönlich autorisiert.
Beim Setzen eines langen Leitartikels überkommt den guten Mann ein menschliches Bedürfnis. Ein anderer Kollege fragt nach ihm; es wird ihm beschieden, wo er sei. Als zweiter eine Viertelstunde später wieder an der Setzmaschine vorbeikommt und seinen Freund noch immer nicht antrifft, schreibt er in den halbfertig gesetzten Leitartikel hinein: ,. . . warum so lange scheißen . . .?' Als der von Blähungen Gequälte endlich zurückkommt, stürzt er sich natürlich sofort mit Feuereifer über den Rest des Textes, ohne die falsche Zeile zu bemerken."
H. F. M.: „Und so erschien ein weltpolitischer Kommentar von ,Hugo Nazionale' mit einer irdischen Komponente. Ich habe den Leitartikel damals selbst gelesen und konnte mir den rätselhaften Einschub nicht erklären."

GENIEREN

G. V.: „Leitartikel beschwören offenbar Pannen herauf: Fritz Molden schrieb 1962 als Chefredakteur in der ,Presse' einen kritischen Beitrag über ,. . . jene, die sich als Politiker gerieren'. Was sich aber dann gedruckt so las: ,. . . jene, die sich als Politiker genieren.'"

BUCHSTABIEREN

H. F. M.: „Mein Schulkollege Franz Endler, die Theaterkritik in Person und seit grauer Vorzeit jährlich Gast bei den Salzburger Festspielen, war eben dabei, eine Premierenkritik an die ‚Presse' durchzugeben. Damals noch per Telefon, mit schlechten Leitungen. Bei folgender Textstelle passierte es, wie uns ein Kollege aus der Kulturredaktion erzählt: Seine Sekretärin verstand das Wort ‚Schelde' nicht, worauf Endler so beiläufig sagte: ‚Na, so wie Scheide . . .'"
G. V.: „Und so stand's dann vermutlich auch im Text?"
H. F. M.: „Ja! Und ich habe mir gedacht, recht geschieht ihm."

NIX LOS

H. F. M.: „Weil wir schon bei den Pannen im Bereich unserer Profession sind. Kannst du dich noch an den OPEC-Überfall erinnern?"
G. V.: „Natürlich, ich war die ganze Nacht im Kanzleramt, bis die Entscheidung fiel, dem Terroristen Carlos samt den Geiseln freies Geleit zu geben."
H. F. M.: „Die Redaktion der ‚Presse' hatte für die OPEC-Konferenz routinemäßig einen Kollegen aus der Wirtschaftsredaktion eingeteilt. Als die Nachricht vom Überfall übers Radio kam, sich der Kollege aber nicht meldete, war man natürlich höchst besorgt um ihn, hoffte aber, – sollte er unter den Geiseln sein – einen Vorteil gegenüber der Konkurrenz zu haben. Nachmittags um vier rief der ‚Verlorene' endlich an.
Was er aber der Redaktion mitzuteilen hatte, warf diese aus den sprichwörtlichen Schuhen: ‚Kollegen, braucht's net zu mutieren, bei der OPEC war nix los.'
Des Rätsels Lösung: Der gute Mann war, statt zur OPEC zu gehen, mit seiner Freundin aufs Land gefahren und hatte den ganzen Tag nicht einmal Radio gehört.'"

GRABSTEIN

G. V.: „‚Lernen Sie Geschichte, Herr Reporter!' sollte ich eigentlich die kommende Geschichte überschreiben. Sie spielt aber viele Jahre nach Bruno Kreisky, nämlich 1993 oder 1994. Unter dem Eindruck einer der unzähligen Fasslabendschen Heeresreformen diskutiert die Redaktionskonferenz eines Nachrichtenmagazins, wie man dieses Thema am besten ‚covern' könnte. Ein jüngerer Redakteur meint, das sei doch das endgültige Aus für die vielzitierte ‚Spannocchi-Doktrin', und es wäre am besten, wenn man dazu den alten General interviewte. ‚Lieber Jungkollege', wirft da ein älteres Redaktionssemester ein, ‚soll ich den Grabstein interviewen oder das Pferd, das ihn vorher abgeworfen hat.'"

DAS ACHTE GEBOT

G. V.: „Ort der Handlung: das Hotel Sacher. Zeit: 6. Juli 1971. Handelnde Hauptperson: Bruno Kreisky, damals Bundeskanzler und Chef einer Minderheitsregierung.
Innenpolitiker sitzen mit Kreisky beim Mittagessen und reden über die nächsten politischen Ziele, auch über die Arbeit im Parlament. Am nächsten Morgen bringen die Sozialisten überraschend im Nationalrat den Antrag ein, das Parlament aufzulösen und Neuwahlen auszuschreiben.
Thomas Chorherr, ab 1976 Schulmeisters Nachfolger als Chefredakteur der ‚Presse', fragt später empört: ‚Warum haben Sie uns 24 Stunden vorher nichts gesagt?'
Kreisky trocken: ‚Sie haben mich ja nicht gefragt.'"
H. F. M.: „Heute würde man sagen: ‚Kreisky hat sich im Gespräch bedeckt gehalten.'"

TITELSEITE

H. F. M.: „Zu den schärfsten Kritikern der Medien zählt der Intellektuelle Erhard Busek, der sich als Politiker oft von der Zunft der Journalisten, speziell der des Boulevards, mißver-

standen fühlte, und dort die Ursache für sein Scheitern sucht."
G. V.: „In seinem jüngst veröffentlichten Buch ‚Politik am Gängelband der Medien' schont Busek auch prominente Parteifreunde nicht und geißelt deren Sucht nach Titelseiten: ‚Ins Bild zu kommen ist spielentscheidend.
Ein Landeshauptmann hat bei einer Casino-Eröffnung beinahe mehrere Menschen niedergetrampelt, da die Gefahr sehr groß war, daß er das entscheidende Foto mit dem Model Naomi Campbell versäumt, von dem er wußte, daß es am nächsten Tag die Titelseiten der Massenblätter zieren werde.'"
H. F. M.: „Naja, dieser Landeshauptmann hat umgekehrt auch Erhard Busek nicht sehr geschätzt. Was er dazu zu sagen hätte, harrt noch der Veröffentlichung."

INTIME BEZIEHUNG

G. V.: „Über den Wandel im Verhältnis Journalisten-Politiker meint Busek: ‚Früher war es der übliche Journalistenheurige, mit dem man in den Sommer und Urlaub ging, genauso waren es Essen in bekannten Restaurants der Stadt, wo man an den Kompositionen der Tischbesetzungen schon ablesen konnte, was am nächsten Tag in welcher Zeitung stehen wird. Daraus ist eine relativ intime Beziehung geworden, die es heute oft verlangt, Reportagen bis ins Schlafzimmer zuzulassen. Ich erinnere an das rührende Bild von Franz Vranitzky beim Kochen, das deutlich ausgestrahlt hat, daß es schon lange her gewesen sein muß, daß seine Christine ihm den Kochlöffel überließ.'"
H. F. M.: „Aber davon leben ja wieder andere Kollegen, wie Günther Traxler, der im ‚Standard' eine köstliche Glosse unter dem Titel schrieb: ‚Hat er nun gekocht, oder nicht?'"

NEUE QUALITÄT

H. F. M.: „Einst bestimmte die Geburt die Nachfolge, dann die politischen Gremien, und jetzt gar die Medien?"

G. V.: „Vielleicht. Der streitbare Schriftsteller Robert Menasse, der als einer der ersten am Image des neuen Wunderwuzzi Viktor Klima kratzte, hat bei einem öffentlichen Streitgespräch diesen Wandel bestätigt.
Menasse wörtlich: ‚Als der Vranitzky zum Klima gesagt hat: Viktor, i mag nimmer, hat der Klima geantwortet: Franz, gib mir 24 Stunden Zeit. Und wer glaubt, der Klima hätte sich in der Zeit mit dem Heinz Fischer beraten, oder den SPÖ-Parteisekretären, der irrt.
Er hat mit zwei Menschen gesprochen und dann seine Entscheidung getroffen: mit dem Wolfgang Fellner von ‚News' und dem Hans Dichand von der ‚Krone'."

UMSTURZ

H. F. M.: „Weil wir gerade beim Umsturz waren. Der legendäre Presse- und spätere TV-Sportchef Dr. Kurt Jeschko stürmte einmal nach einer Pressekonferenz die Treppe vom Rathauskeller hinauf und stieß mit dem herabsteigenden Bundeskanzler Julius Raab zusammen.
Jeschko wollte sich atemlos entschuldigen, aber Raab brummte: ‚Na, junger Mann, wollen S' mi' stürzen?'"

UMSCHWUNG

G. V.: „Stichwort Raab: 1960 galt es, so wie jetzt 1998, einen neuen ORF-Generaldirektor zu wählen. Raab hatte sich für seinen treuen Vasallen Bundesrat Josef Scheidl entschieden, was aber in der Partei auf wenig Gegenliebe stieß. Die erste Abstimmung im Parteivorstand ging auch dementsprechend klar mit 12:8 gegen den Antrag Raabs aus. Zweiter Versuch: 11:9 Stimmen. Raab listig: ‚Ich sehe, meine Meinung beginnt sich durchzusetzen.' Das genügte damals schon; Scheidl wurde oberster Chef des Rundfunks."
H. F. M.: „Glaubst du nicht, daß sich viele Parteichefs heute nach den Zeiten eines Julius Raab sehnen?"

PUNZIERUNG

H. F. M.: „Am treffendsten hat Teddy Podgorski, selbst vier Jahre Herr am Küniglberg, den Wahlmodus des ORF-TschiEis beschrieben. Vor allem die Tatsache, daß 1998 zwei bürgerliche Kandidaten gegeneinander angetreten sind. In einem Zeitungsinterview sagte Podgorski:
‚Erstaunlich ist, daß die SPÖ einen Kandidaten aufstellt, der CVler ist (Gerhard Weis). Der wichtigste Schachzug ist nämlich die Punzierung. Der, von dem sie vorgeschlagen werden, ist gleichzeitig ihr Schicksal.
Ich hatte nie ein Parteibuch, wurde von der SPÖ vorgeschlagen, und schon galt ich als Politruck.‘“

RÖSSER

G. V.: „Das Kokettieren mit seiner Rolle als ‚Schlachtroß, das die Trompeten hört‘ hing bei seiner Kandidatur um den ORF-GI ebenso fest an Gerhard Weis wie seine berühmten Hosenträger. Als es allerdings ernst wurde im Rennen um die Zeiler-Nachfolge, meinte Weis entschlossen: ‚Schlachtrösser gehen in die Schlacht, nicht zur Schlachtbank.‘“
H. F. M.: „Für Peter Radel – Eigendefinition: ‚Altes Kampfroß‘ – wurde die Wahl aber zur Schlachtbank.“
G. V.: „Nein, für ihn war es wörtlich: Ein Tod in Schönheit.“

DER TIGER

So wie Gustav Peichl als der „Mann der Feder“ in die Geschichtsbücher des Journalismus eingehen wird, gilt dies für Gerd Bacher als „Mann des Wortes“. Seine geschliffenen Formulierungen, etwa bei der Eröffnungsrede der Salzburger Festspiele: „Die Beifallsgesellschaft und die Medien“, vermitteln das Bild eines messerscharfen Analytikers.
Eigentlich hatte er sich nach seinem Abschied als ORF-

TschiEi 1994 vorgenommen, nicht wie Bruno Kreisky als grantelnder Alter seinen Nachfolgern gute Ratschläge zu geben. Und er hat sich auch fast drei Jahre eisern daran gehalten. Aber die Perspektive, daß ein Society-Tiger erster Mann im Staate werden könnte, hat ihn zurück in die politische und mediale Arena getrieben und uns ein paar neue köstliche Pointen beschert.

DRESSMAN

H. F. M.: „Du warst ja viele Jahre in seiner engsten Umgebung. Womit fangen wir an?"
G. V.: „Natürlich aktuell; mit seinem letzten Nachfolger. Gerhard Weis ist, was man landläufig ein Arbeitstier nennt. Nicht ganz so früh wie der legendäre Anwalt Michael Stern – der stand um zwei Uhr früh auf –, aber doch oft knapp nach Sonnenaufgang beginnt er sein Tagewerk. Seine große Schwäche: je mehr er arbeitet, desto mehr tankt er Kraft aus kalorienreichen Gustostückerln der österreichisch-böhmischen Küche. Als er wieder einmal dem Zenit der Leibesfülle zustrebte, der Anzug vorn und hinten spannte und zwickte und der Mittelknopf drohte, jeden Moment weggesprengt zu werden, meinte Gerd Bacher sarkastisch: ‚Unser Dressman aus Kiew'."
H. F. M.: „Dafür geht Gerhard Weis jetzt nach gewonnener GI-Wahlschlacht auf eine F.X.-Mayr-Kur, um wenigstens Kiew loszuwerden."

JERSEY

G. V.: „Kiew scheint übrigens ein Lieblingswort Gerd Bachers gewesen zu sein, wenn es ihm um das korrekte Auftreten der ORF-Dienstnehmer ging. Neben dem zur Genüge zitierten Krawatten-Erlaß ist Kiew auch in einer der denkwürdigsten Bacher-Episteln an das ORF-Symphonieorchester zu finden.
Auslösendes Moment war der Besuch des GIs bei einer Premiere seiner Musiker im großen Sendesaal des Funkhauses in der Argentinierstraße im November 1981. Wütend diktierte er am nächsten Tag folgende interne Mitteilung an Hörfunkchef Ernst Grissemann: ‚Das war nicht die Premiere eines ORF-Ensembles, sondern der Betriebsausflug von Radio Kiew.
Was hier als leger mißverstanden wurde, war in Wirklichkeit kleinbürgerlich, peinlich, unelegant. Nur sehr schlanke, sehr schöne Männer können sich Jerseyhemden, Rollkragenpullover und ähnliches leisten. Wenn man – was durchaus möglich ist – auf Abendkleidung und Sakko verzichten will, so kommt nach meinem Dafürhalten doch dann nur in Frage schwarzes Hemd (schon wegen des Schwitzens) und graue oder schwarze Hose (aber bitte alle gleich), und für die Damen jedenfalls ein langer Rock. Die in diesem Sinn schon gestern Gekleideten fielen zwar angenehm auf, konnten aber den tristen Gesamteindruck nicht verhindern.‘"

ZIRKUSDIREKTOR

H. F. M.: „Franz Manola, langjähriger Fernsehkritiker der ‚Presse‘ und des ‚Kurier‘, ein Meister der Menschenbeobachtung, hat einmal die ORF-Generalintendanten Gerd Bacher und Thaddäus Podgorski vergleichend so charakterisiert:
Bacher sei ein Mann des Westens, des geschriebenen, geschliffenen Wortes; Podgorski hingegen ein Mann des Ostens, der Erzählsprache, der Anekdote."
G. V.: „Was liegt näher, als eine Anekdote zu präsentieren, in der ein Schriftwechsel zwischen Bacher und Podgorski die zentrale Rolle spielt.

Fußballweltmeisterschaft 1982 in Spanien; Bacher vermutet seinen Fernseh-Sportchef natürlich auf der iberischen Halbinsel; der ist aber in Salzburg und probt mit Otto Schenk für die Aufführung ‚Der Widerspenstigen Zähmung'.
Bacher-Brief an Podgorski: ‚Lieber Teddy, Du mußt Dich entscheiden, was Du sein willst: Sportchef oder Staatsschauspieler. Erwarte Dich umgehend zu einem Gespräch über Deine Zukunft in Wien.'
Podgorskis Antwort: ‚Lieber Gerd, eigentlich war ich bisher der Meinung, Du seiest der letzte Zirkusdirektor unter lauter Rundfunkbeamten, für den es sich noch lohnt, den Dreifachen ohne Netz zu riskieren ...'
Bachers Replik: ‚Lieber Teddy, Du Sauhund hast mich mit Deinem Brief bei meiner größten Schwäche, der Eitelkeit, erwischt. Komm trotzdem nach Wien!'
H. F. M.: „Und wie ist das Match ausgegangen?"
G. V. : „Podgorski spielte weiter in Salzburg, und Lucky Schmidtleitner und die anderen ORF-Reporter lieferten auch ohne ihren Chef herrliche Bilder und Reportagen."

BUFFALO BILL

G. V.: „Nach seinem letzten, endgültigen Abgang von der größten Orgel des Landes versuchten einige im vorauseilenden Gehorsam, die Spuren des ‚Alten' zu tilgen. So gab es bei der 40-Jahr-Feier des Fernsehens keine filmischen Hinweise auf Bacher und E.W. Marboe.
Was Michael Jeannée in der ‚Krone' zu folgendem Vergleich provozierte: ‚Man kann über Gerd Bacher und Ernst Wolfram Marboe durchaus geteilter Meinung sein.
Aber 40 Jahre Fernsehen ohne die zwei zu feiern, ist wie der Wilde Westen ohne Buffalo Bill und Billy the Kid ...'"

SCHAMHAARE

H. F. M.: „Ein permanenter Streitfall über die geschmackliche Linie im Fernsehen sind die Talkshows. Gerhard Zeiler hatte mit ‚Vera' den Sprung ins kommerzielle Wasser erfolgreich gewagt, sein Vorgänger Gerd Bacher war da sehr skeptisch."

G. V.: „In der TV-Sendung ‚Lebenskünstler' von seinem einstigen Fernsehdirektor Helmut Zilk dazu befragt, meinte Bacher: ‚Schamhaar-Friseure oder die Frage, ob Männer besser im Stehen oder im Sitzen urinieren – das dient nicht der Erhaltung der Demokratie.'"

BIBELFEST

G. V.: „Als das neue Duo Gerhard Zeiler und Andreas Rudas in ihrem Ziel, den ORF total umzukrempeln, die ersten Rückschläge hinnehmen mußte, zeigte sich der frühere Fernseh-Intendant Franz Kreuzer bibelfest: ‚Sansi' in seiner charakteristischen Art: ‚Bitte, bitte, die ham' g'laubt, sie können über's Wasser gehen!'"

DER KRIEG AM BOULEVARD

„Die Zeiten werden härter", könnte man auch dieses Kapitel überschreiben. Die Entscheidung, wieviel davon nostalgische Verklärung ist oder ob wirklich eine härtere Gangart durch die rasant wachsende Konkurrenz am Medienmarkt Platz gegriffen hat, überlassen wir dem geneigten Leser. Stoff liefert diese Auseinandersetzung für die Anekdotensammler jedenfalls genug.

ROTE FAHNE

G. V.: „Da im Sommer 1998 Hermann Nitsch mit seinem Orgien-Mysterien-Theater im Mittelpunkt der öffentlichen Erregung stand, darf wohl daran erinnert werden, daß inzwischen sogar im Parlament ein Schüttbild von Nitsch just die Stelle einnimmt, an der einst ein Ölgemälde von Victor Adler hing, was den Schriftsteller Menasse zu folgendem feinsinnigen Vergleich herausforderte: ‚Unterstellen Sie diesem Sachverhalt keine Ironie. Wahrscheinlich hat sich jemand nur gedacht: das ist modern, und er hat nicht die Überlegung, daß ein Schüttbild von Nitsch aussieht wie eine rote Fahne nach dem Hauptwaschgang und daher den Zustand der Partei gelungen künstlerisch ausdrückt.‘“

WAPPLER

G. V.: „Auch, oder gerade im Zeitalter der schnellen Elektronik kann es bei Zeitungen zu peinlichen Pannen kommen. Die folgende ist der Zeitschrift ‚News‘ passiert, und zwar so: Um Zeit zu sparen, gibt es den sogenannten Blindsatz, d.h. die äußere Form eines Interviews mit Frage und Antwort ist bereits als simulierter Blindsatz gesetzt, der Inhalt wird dann – oft in letzter Minute – vom Redakteur hastig darübergeschrieben. Nur daß bei einem Interview mit dem damaligen Verkehrsminister Viktor Klima beim Computerumbruch auch die ‚Maske‘ stehenblieb. Und so sah dann das Klima-Interview im gedruckten Blatt aus:
‚NEWS‘:
‚Wappler‘:
‚NEWS‘:
‚Wappler‘: u.s.w.

ALLZEIT BEREIT

H. F. M.: „Wir kennen das ja von den Schauspielern, die zu Hause vor dem Telefon sitzen und auf den erlösenden Anruf des Agenten oder des Theaterdirektors für ein neues Engagement warten. Gibt's das auch in den Medien?“
G. V.: „Also, ich hab' da eine Geschichte in Erinnerung. Bei der Vorbereitung einer Diskussionsrunde um das Thema Kardinal Groer rief ein Redakteur den streitbaren Theologieprofessor DDr. Prantner an. Kaum hatte er sich mit: ‚Redaktion Zur Sache‘ gemeldet, und noch bevor er irgend etwas

sagen konnte, beispielsweise das Thema der Sendung, kam's vom anderen Ende der Leitung: ‚Wann und wohin soll ich kommen?'"

GRUBENHUND

G. V.: „Ausgerechnet einer der ältesten und erfahrensten Kollegen unserer Zunft ist vor vielen Jahren einem veritablen ‚Grubenhund' aufgesessen, wie du in deinem Buch ‚Die Entenmacher' genüßlich beschreibst."
H. F. M.: „Ein ‚Grubenhund' kann bei Insidern homerisches Gelächter auslösen, während Außenstehende ohne die nötigen Hintergrundinformationen nur gelangweilt den Kopf schütteln. Daher müssen wir den Lesern wohl die ganze Geschichte erzählen, und die ging so:
Der einstige Unterrichtsminister Fred Sinowatz leistete sich für das überaus glatte Parkett der Hochkultur einen etwas exzentrischen Berater namens Fritz Hermann, aus dessen Feder damals folgendes Spottgedicht auf eben diese heimische Hochkultur floß:
‚Es scheißt der Herr von Karajan
bei jedem falschen Ton sich an
und wascht sein Arsch in Goldlavur
anal sein g'hört zur Hochkultur!'
Ein Sturm der Entrüstung brach los, vor allem getragen von der ‚Kronen-Zeitung', bei deren Kolumnisten Richard Nimmerrichter wenige Tage später folgender anonymer Leserbrief einging, den ‚Staberl' begeistert am 28. 2. 1978 veröffentlichte:
‚Als alter Sozialdemokrat, der noch Karl Renner persönlich gekannt hat, schließe ich mich Ihrem mutigen Auftreten gegen unsere marxistischen Bubis und Mädis auf Staatskosten (lies: skandalöse ‚Subventionen') mit einem kurzen Rätselgedicht an; vielleicht gefällt es Ihnen.'"
G. V.: „Und dem Richard Nimmerrichter hat's natürlich sehr gefallen, ja er merkte nicht einmal, daß das Spottgedicht ihm gewidmet war, ergeben doch die ersten Buchstaben jeder Zeile, von oben nach unten gelesen, den Namen ‚Staberl':

Stänkernd, hetzend, sich ereifernd,
‚anti' schäumend, linkisch geifernd,
blutigdumme Phrasen röhrend,
Ezzes geben, Volk beschwören,
radikal der Welt stets Feind sein –
Leute – wer wird hier gemeint sein?

Darunter stand als Absender: Unsere Jusos – den hatte aber Nimmerrichter selbst erfunden."

MIT SPITZER FEDER

Da den Umschlag unseres Buches, zu neudeutsch auch Cover genannt, ein unverwechselbarer IRONIMUS ziert, ziemt es sich, dem Meister des dünnen Striches ein eigenes Kapitel zu widmen. 7000 Karikaturen hat Gustav Peichl in den letzten 50 Jahren gezeichnet. Und IRONISMUS wird noch immer seinem selbstgewählten Namen gerecht: Ironie, nicht Zynismus, wie etwa bei seinem Rabiatkollegen Deix, steht auf seinem Banner – so hat es der Kulturkritiker der ‚Presse', Sinkowics, trefflich ausgedrückt.
Vor allem wurden verschiedene Opfer der Peichelschen Kunst im Lauf der Jahre mit den von IRONIMUS gezeichneten Gegenbildern fast identisch; man denke nur an Kreisky oder Sinowatz. Wie bläßlich dagegen – karikaturistisch gesehen – sind doch viele Gegenwartspolitiker.

DER TIGER

H. F. M.: „Selten hat eine Karikatur, wie die erste über den neu inthronisierten ORF-Generalintendanten Gerd Bacher, mehr zu einer Identitätsstiftung beigetragen als der ‚Tiger'. ‚Wenn ich', sagt Peichl, ‚für jede Nennung des Wortes ‚Tiger' im Zusammenhang mit Gerd Bacher nur einen Schilling an Tantiemen bekommen hätte, wäre ich heute ein sehr reicher Mann.'"
G. V.: „So ist er nur ein reicher Mann geworden."

BISSCHEN

G. V.: „Ähnlich, allerdings in die andere Richtung, hat das einmal Peichls ‚Lieblingsmodell' Bruno Kreisky gesehen. Er schrieb der Peichl-Tochter Katharina 1979 eine einschlägige Widmung: ‚... von einem, von dem Dein Papa ein bißchen lebt!'"

H. F. M.: „Und das ‚*bißchen*' hat er unterstrichen."

BEOBACHTER

G. V.: „Bruno Kreisky war nicht nur das bevorzugte Objekt Peichelscher Strichkunst, er begleitete auch die Arbeit von IRONIMUS mit kritischen Anmerkungen.

‚Früh, meist noch vor acht, wenn er offenbar die ‚Presse' in der Hand hielt', berichtet uns Peichl, ging bereits das Telefon: ‚Herr Professor, das ist großartig, da ist Ihnen etwas gelungen' – Pause – und dann kam die Kritik, vor allem wenn er die Lieblingsobjekte des Kreiskyschen Zorns, Hannes Androsch oder Gerd Bacher zu positiv gezeichnet hatte."

NASENLOS

G. V.: „Karikaturisten haben natürlich auch Probleme mit dem Zeitgeist. ‚Steinkauz' Gerhard Steininger von den ‚Salzburger Nachrichten' hat sie als Anwalt für seinen Hauskarikaturisten Helmut Hütter so formuliert: ‚Es ist schon schade, daß die Parteien bei der Auswahl ihrer Spitzenkandidaten immer mehr auf deren telegene als deren karikaturistische Physiognomie achten. Was hatte Sinowatz für eine Nase! Oder auch Kreisky! Die jetzige Generation ist nasenlos!'"

MARKENZEICHEN

H. F. M.: „Als der kummervolle Fred Sinowatz die Nachfolge antrat, stellte ihm der boshafte Peichl stets ein kleines

Weinglas irgendwo in einer Ecke dazu. Sinowatz beschwerte sich, wollte nicht als Säufer dargestellt werden, bis ihn sein Kabinettschef Hans Pusch davon überzeugen konnte, daß jeder Prominente ein Markenzeichen benötige – und was liegt näher bei einem Burgenländer.'"

Literaturverzeichnis

Andics, Hellmut: 50 Jahre unseres Lebens, Verlag Molden, 1968

Bankl, Hans: Der Pathologe weiß alles ... aber zu spät. Heitere und ernsthafte Geschichten aus der Medizin, Kremayr & Scheriau, 1997

Böck, Hans: Also sprach ... Edition Hans Böck, 1997

Busek, Erhard/Clemens Hüffel (Hg.): Politik am Gängelband der Medien, Verlag Jugend & Volk, Wien, 1998

Daimler, Renate: Diana & Sisi. Zwei Frauen – ein Schicksal, Deuticke, Wien – München, 1998

Das Beste aus der Opernwerkstatt – Nicht nur Tenöre, Jugend & Volk, Wien – München, 1986

Feigl, Erich: Zita, Kaiserin und Königin, Amalthea, 1991

Hamann, Brigitte: Elisabeth, Kaiserin wider Willen, Amalthea, 1995

Heindl, Gottfried: Österreich in Anekdoten, Paul Neff Verlag, Wien, 1989

Hufnagl, Herbert: Kopfstücke, Ueberreuter, 1991

Horvath, Elisabeth: Ära oder Episode. Das Phänomen Bruno Kreisky, Kremayr & Scheriau, 1989

Kainz, Julius/Andreas Unterberger (Hg.): Ein Stück Österreich – 125 Jahre Die Presse, Holzhausen, Wien, 1998

Ketterl, Eugen: Der alte Kaiser, wie ihn nur einer sah, Molden, 1980

Kreisky, Bruno: Zwischen den Zeiten, Erinnerungen aus fünf Jahrzehnten, Siedler/Kremayr & Scheriau

Kunz, Johannes: 50 Jahre Österreich, Verlag Christian Brandstätter, Wien, 1994

Lashofer, Clemens/Koloman Hirsch (Hg.): Zum Gedenken an Abt Wilhelm Zedinek 1891–1971, Gedenkschrift zur Jahresausstellung 1998, Eigenverlag des Stiftes Göttweig, 1998

Mayer, Horst Friedrich: Der Flottenhai. Heitere Anekdoten aus dem österreichischen Seemannsleben, Edition S, 1986

Mayer, Horst Friedrich (Hg.): Die Entenmacher, Deuticke, 1998

Menasse, Robert: Überbau und Underground, Suhrkamp, 1997
Newzella, Elisabeth: Nicht so ernst, Majestät, Verlag für Sammler, Graz, 1990
Nowotny, Georg: 100 Stunden Kreisky. Kritische Analyse eines Regierungsstiles, Molden, 1976
Prawy, Marcel: Marcel Prawy erzählt aus seinem Leben, Kremayr & Scheriau, 1996
Rieder, Heinz: Kaiser Franz Joseph. Anekdoten, Styria, 1979
Slezak, Walter: Wann geht der nächste Schwan? Piper & Co, München 1964
Schweiger, Heinrich: Bilder eines Schauspielers, Edition Tusch, 1995
Vajda, Stephan: Mir san vom k. u. k. ... Die kuriose Geschichte der österreichischen Militärmusik, Ueberreuter, 1977
Vogl/Widhofner: Roda Rodas Erben, Kremayr & Scheriau, 1987
Vogl/Widhofner: Hechtgrau und flaschengrün, Kremayr & Scheriau, 1989
Vogl, Gerhard: Ich bin im Bild, Kremayr & Scheriau, 1994
Vogl/Widhofner: Links, – Zwo, Drei, Vier, Verlag Niederösterreichisches Pressehaus, St. Pölten, 1997